PRIMEIRA GUERRA MUNDIAL

COLEÇÃO HISTÓRIA NA UNIVERSIDADE – TEMAS

Coordenação
Jaime Pinsky e Carla Bassanezi Pinsky

Conselho
João Paulo Pimenta
Marcos Napolitano
Maria Ligia Prado
Pedro Paulo Funari

CIVILIZAÇÕES PRÉ-COLOMBIANAS • Alexandre Guida Navarro
ESTADOS UNIDOS NO SÉCULO XX • Flávio Limoncic
GUERRA DO PARAGUAI • Vitor Izecksohn
IGREJA MEDIEVAL • Leandro Duarte Rust
IMPERIALISMO • João Fábio Bertonha
INDEPENDÊNCIA DO BRASIL • João Paulo Pimenta
JUVENTUDE E CONTRACULTURA • Marcos Napolitano
PRÉ-HISTÓRIA DO BRASIL • Pedro Paulo Funari e Francisco Silva Noelli
PRIMEIRA GUERRA MUNDIAL • Carlos Daróz
REFORMA E CONTRARREFORMA • Rui Luis Rodrigues
RENASCIMENTO • Nicolau Sevcenko
REVOLUÇÃO FRANCESA • Daniel Gomes de Carvalho
ROTA DA SEDA • Otávio Luiz Pinto
SEGUNDA GUERRA MUNDIAL • Francisco Cesar Ferraz
UNIÃO SOVIÉTICA • Daniel Aarão Reis

Carlos Daróz

PRIMEIRA GUERRA MUNDIAL

HISTÓRIA NA UNIVERSIDADE – TEMAS

editoracontexto

Foto de capa
Soldados britânicos em Serre, Somme (França),
s. d. (fotografia atribuída a Ernest Brooks)

Montagem de capa e diagramação
Gustavo S. Vilas Boas

Coordenação de textos
Carla Bassanezi Pinsky

Preparação de textos
Lilian Aquino

Revisão
Ana Paula Luccisano

Dados Internacionais de Catalogação na Publicação (CIP)

Daróz, Carlos
Primeira Guerra Mundial / Carlos Daróz. –
São Paulo : Contexto, 2025.
144 p. : il. (Coleção História na Universidade : Temas)

Bibliografia
ISBN 978-65-5541-585-8

1. Guerra Mundial, 1914-1918 2. História I. Título II. Série

25-3454 CDD 940.3

Angélica Ilacqua – Bibliotecária – CRB-8/7057

Índice para catálogo sistemático:
1. Guerra Mundial, 1914-1918

2025

EDITORA CONTEXTO
Diretor editorial: *Jaime Pinsky*

Rua Dr. José Elias, 520 – Alto da Lapa
05083-030 – São Paulo – SP
PABX: (11) 3832 5838
contato@editoracontexto.com.br
www.editoracontexto.com.br

Sumário

A morte no último minuto

Às 11 horas da manhã do dia 11 de novembro de 1918, os canhões silenciaram. No entanto, no minuto crucial antes de o armistício entrar em vigor, a história reservou uma pontual tragédia: a morte de Henry Gunther, um soldado do Exército dos Estados Unidos lembrado como o último combatente a tombar no conflito que ceifou milhões de vidas, a Primeira Guerra Mundial.

Nascido e criado em Baltimore, o jovem descendente de imigrantes alemães havia sido convocado pelo Exército em setembro de 1917 e incorporado à 79ª Divisão de Infantaria como sargento de intendência. Em julho de 1918, partiu para a França, integrando a Força Expedicionária Americana (American Expeditionary Force), que se preparava para enfrentar as últimas resistências alemãs e fazer a diferença com seu expressivo volume de tropas, que, no auge da participação, totalizaria 4 milhões de homens. As condições na frente de batalha, contudo, revelaram-se brutais e desmoralizantes, e Gunther não hesitou em expressar sua insatisfação. Em carta escrita para sua família, descreveu as "condições miseráveis" existentes nas trincheiras e aconselhou um amigo próximo a evitar, a qualquer custo, a convocação para a guerra. Sua correspondência foi interceptada pelos censores militares, e Gunther acabou duramente penalizado pela administração militar, punido disciplinarmente e rebaixado da graduação de sargento à condição de soldado.

O evento assinalou um ponto de virada em sua trajetória pessoal. Determinado a recuperar sua honra e provar o seu valor, Gunther passou a buscar oportunidades de se redimir e demonstrar, sempre que possível, sua coragem, mesmo arriscando a própria vida.

Na dinâmica do conflito, o armistício com a Alemanha foi assinado às 5 horas da madrugada do dia 11 de novembro de 1918, mas estipulava que as hostilidades cessariam somente às 11 horas da manhã, a célebre "11ª hora, do 11º dia, do 11º mês". Entre 5 e 11 horas da manhã, em meio a esse limite fluido e incerto, combates esporádicos continuaram a ser travados em meio às trincheiras. Nesse último dia, perto do vilarejo francês de Chaumont-devant-Damvillers, a unidade de Gunther deparou-se com uma posição alemã fortificada, protegida por duas metralhadoras bem assestadas e com o tiro amarrado contra as possíveis vias de acesso do inimigo.

Mesmo diante do iminente cessar-fogo, Gunther decidiu agir, provavelmente impelido por seu desejo de reabilitação. Empunhando seu fuzil M-1903 Springfield com baioneta calada, investiu sozinho contra a posição inimiga. Os soldados alemães, cientes das negociações que levaram ao armistício, tentaram dissuadi-lo, gesticulando e sinalizando para que ele abandonasse o ataque e preservasse sua vida. Gunther, no entanto, não desistiu, e disparou alguns tiros enquanto corria resoluto em direção ao inimigo. Quando chegou perigosamente perto da posição alemã, recebeu uma curta e rápida rajada de fogo de metralhadora, a qual encerrou sua vida, exatamente às 10h59, apenas um minuto antes de o armistício entrar em vigor.

Sua morte não passou despercebida. Posteriormente, o Exército dos EUA o reabilitou à graduação de sargento e concedeu-lhe a Cruz de Serviço Distinto, reconhecendo sua bravura em combate. Gunther tornou-se uma figura emblemática, representando a complexidade humana em tempos de guerra: o desejo de redenção, a bravura impulsiva e a tragédia de uma vida interrompida no tênue limite entre a paz e a guerra.

A Primeira Guerra Mundial é correntemente nomeada na historiografia, sobretudo na Europa, como Grande Guerra, pois, ao seu término, foi vista como um evento sem precedentes, tanto pela escala da destruição quanto pelo impacto global por ela provocado. À época, acreditava-se que seria "a guerra para acabar com todas as guerras", conforme expressão cunhada em 1914 pelo escritor britânico H. G. Wells. Contudo, o advento da Segunda Guerra Mundial (1939-1945), muito mais abrangente e destrutiva, levou à reavaliação do termo. Enquanto a Grande Guerra foi um conflito marcado por impasses estratégicos e uma brutalidade concentrada no campo de batalha, a Segunda Guerra Mundial desenvolveu-se em uma escala de destruição superior, envolvendo populações civis, genocídios, bombardeios de cidades e novas tecnologias de destruição em massa, culminando com os ataques nucleares contra Hiroshima e Nagasaki, no Japão. A dicotomia entre os dois conflitos reside na historicidade, na amplitude e na abrangência: a Primeira Guerra foi "grande" em seu tempo, mas a Segunda redefiniu o que a humanidade entenderia como a verdadeira escala de conflito mundial.

Assim, neste livro, coerente com a historiografia sobre o conflito, utilizamos a terminologia Grande Guerra, historicizando o enfrentamento bélico e enfatizando seu impacto singular e as profundas transformações estruturais que trouxeram inovações significativas para a evolução da forma de fazer a guerra.

A morte de Henry Gunther, muito mais do que uma tragédia pessoal, simbolizou o último ato de um drama devastador que começou em 28 de junho de 1914, com o assassinato do arquiduque Franz Ferdinand, herdeiro do trono do Império Austro-Húngaro, e de sua esposa, a duquesa Sophie, em Sarajevo. O atentado político acendeu o pavio de uma conflagração global, impulsionada por rivalidades imperialistas, alianças militares rígidas e tensões nacionalistas, além de outros fatores que afetaram a estabilidade geopolítica vigente. Nos 4 anos seguintes, o mundo testemunhou uma carnificina sem precedentes na história, que matou mais de 10 milhões de soldados e outros milhões de civis.

O conflito transformou o mapa político, econômico e social do planeta. Sua fase inicial foi marcada por movimentos rápidos e invasões maciças, como o avanço alemão pelo oeste e o fracasso do plano de guerra alemão, que buscava uma vitória rápida contra a França. No leste, os exércitos austro-húngaros e russos colidiram em campanhas igualmente devastadoras. No entanto, a guerra logo se estabilizou em um impasse caracterizado pelas trincheiras, especialmente na Frente Ocidental, onde batalhas como Somme e Verdun se tornariam símbolos de atrito, destruição e desperdício de vidas.

Entre 1916 e 1917, o conflito assumiu características de uma guerra total, envolvendo não apenas os exércitos, mas também as economias e as populações civis dos países beligerantes. Tecnologias como metralhadoras, artilharia pesada, aviões, gases químicos e submarinos intensificaram o morticínio, enquanto novos teatros de guerra surgiram no Oriente Médio, na África e na Ásia, em terra, nos mares e nos céus. Em 1917, a entrada dos EUA deu impulso decisivo à guerra, ao mesmo tempo que uma revolução afastou o Império Russo das frentes de batalha.

No ano final, 1918, o conflito atingiu seu clímax com a ofensiva da Primavera alemã, que quase rompeu as linhas aliadas no oeste. Contudo, contraofensivas bem aplicadas e coordenadas, reforçadas pelas recém-chegadas e numerosas tropas dos EUA, reverteram os ganhos alemães, levando ao colapso de suas forças e obrigando-os a buscar um armistício. Quando este foi finalmente assinado, na manhã de 11 de novembro de 1918, o mundo já estava profundamente marcado pelo sofrimento e pelas transformações geradas pelo conflito.

A Grande Guerra desmantelou impérios, redesenhou fronteiras e criou novos Estados, mas também semeou antagonismos e conflitos que persistem até hoje. Os tratados de paz subsequentes alimentaram ressentimentos que levariam a um novo e mais destrutivo conflito – a Segunda Guerra Mundial, deflagrada duas décadas mais tarde –, enquanto disputas territoriais continuaram a gerar instabilidade geopolítica global.

Henry Gunther, morto no minuto final antes do silêncio das armas, tornou-se símbolo e personagem de um conflito que insistiu em consumir vidas até o último instante. Sua morte representa a futilidade da violência que moldou a Grande Guerra e reforça a necessidade de refletir sobre o legado de um dos capítulos mais sombrios da história humana.

O fim de uma era

Perto do meio-dia de 28 de junho de 1914, o arquiduque Franz Ferdinand, herdeiro do trono do Império Austro-Húngaro, e sua esposa, a duquesa Sophie de Hohenberg, foram assassinados a tiros durante uma visita protocolar a Sarajevo. O autor do duplo homicídio foi Gavrilo Princip, jovem estudante vinculado a um grupo nacionalista sérvio, que postulava a independência da Bósnia-Herzegovina do Império Austro-Húngaro e sua unificação com a Sérvia.

O atentado resultou, em última instância, no maior conflito vivenciado pela humanidade até então, a Grande Guerra. Embora o assassinato tivesse sido o estopim do conflito, sua gênese ocorreu muito antes, com o fim das Guerras Napoleônicas e o reajuste geopolítico processado na Europa, a partir de 1815, por meio do Congresso de Viena. Esta conferência procurou estabelecer um novo equilíbrio de poder com o propósito de restaurar as monarquias derrotadas por Napoleão, mas também de redesenhar as fronteiras europeias e evitar futuras expansões territoriais de um Estado único.

A GESTAÇÃO DO CONFLITO

Como resultado dos acordos diplomáticos celebrados na capital austríaca, a Europa vivenciou um raro período de paz, que duraria cerca de um século. Entre 1815 e 1914, o continente não experimentou nenhum conflito de grande envergadura, ocorrendo apenas guerras limitadas e localizadas, como a da Crimeia, a Franco-Prussiana e os enfrentamentos decorrentes das Unificações Italiana e Alemã. No entanto, embora decorresse quase cem anos sem conflitos continentais, uma tensão latente foi crescendo na Europa. Este cenário de mudanças, caracterizado por antagonismos nacionais, levaria, em última instância, a uma crise geopolítica que resultou na deflagração da Grande Guerra, em 1914.

No princípio dos anos 1900, as estruturas políticas herdadas do século XIX não mais atendiam aos anseios da sociedade europeia contemporânea. Impérios antigos e anacrônicos não eram mais capazes de responder às demandas de suas populações, frequentemente marcadas por profunda diversidade étnica e quase todas em busca de autonomia. Os Impérios Otomano e Austro-Húngaro estavam aquém das solicitações do universo abrangido por eles, formados por nações muito diversas, em idioma, cultura, costumes, estágio civilizatório, práticas religiosas, trato com as minorias, entre outras fontes de dissensão interna. Tais aspectos eram muito distintos em regiões do mesmo império, que não aceitavam mais uma governança homogênea, principalmente quando ditada por imperadores ou dirigentes distantes, nos quais a população frequentemente não via legitimidade. Com efeito, no interior desses impérios, desenvolveram-se também sentimentos nacionalistas, feministas, anarquistas e de outras naturezas. Constantinopla e Viena, outrora referências globais de civilização, não eram mais o centro do mundo, diante de novas composições sociais e geopolíticas que se apresentavam na Europa, na transição do século XIX para o XX.

O século XIX começara sob o impacto das Guerras Napoleônicas, que, de 1799 a 1815, envolveram praticamente toda a Europa. A ascensão de Napoleão Bonaparte e sua tentativa de estabelecer um império continental alteraram as fronteiras e a estrutura política europeia. Sua posterior derrota não significou apenas o fim de um regime, mas também deixou manifesta a necessidade urgente de reconfigurar a ordem geopolítica do continente.

O Congresso de Viena, realizado entre 1814 e 1815, foi o ponto central dessa reorganização. As principais potências europeias vencedoras – Áustria, Prússia, Rússia e Reino Unido – reuniram-se para discutir as novas fronteiras do continente e estabelecer um sistema de equilíbrio de poder, impondo-se sobre a derrotada França. O objetivo principal era evitar que uma única potência dominasse a Europa, como os franceses haviam tentado fazer sob Napoleão, e restabelecer as monarquias depostas, reafirmando o sistema monárquico conservador. Embora a reunião tenha alcançado seu objetivo imediato de garantir uma paz relativa, ela não foi capaz de erradicar as tensões e os antagonismos internos, como os movimentos liberais e nacionalistas, que logo ressurgiriam com força em diversos pontos do continente.

Ao longo do século, a expansão imperialista tornou-se um dos principais motores da política internacional. A Revolução Industrial, que se espalhava pela Europa desde o século anterior, ofereceu às grandes potências os meios tecnológicos e econômicos necessários para estabelecer um domínio colonial em áreas distantes da África e da Ásia. Esse imperialismo não se limitou apenas à busca por recursos e mercados, foi também impulsionado por uma rivalidade entre as diferentes potências europeias, que se tornava mais intensa à medida que o mapa colonial do mundo limitava-se cada vez mais. Com a maior parte do globo já dividida entre potências tradicionais, como Grã-Bretanha e França, outras nações em ascensão, como a Alemanha e a Itália, passaram a reivindicar uma "parte do butim" imperial.

O imperialismo não apenas alimentava ambições econômicas e prestígio nacional, mas se tornava também um campo simbólico no qual se projetavam disputas de poder. A posse de colônias passou a ser vista como um critério de grandeza internacional, provocando ressentimentos entre países com menos territórios ultramarinos. O imperialismo europeu manifestou-se de várias formas, mas foi especialmente visível na "partilha da África". Por meio da Conferência de Berlim, realizada entre 1884 e 1885, as potências europeias dividiram entre si o território do continente africano, sem considerar os interesses dos povos locais ou as fronteiras naturais e culturais existentes, criando disputas que mais tarde se tornariam fonte permanente de conflitos. Além disso, o Oriente Médio e a Ásia Central, com suas ricas reservas de minerais, produtos agrícolas, borracha e petróleo, e posições estratégicas na geopolítica global, também figuraram no centro da competição imperialista. O enfraquecimento do Império Otomano, que no início do século XIX já enfrentava dificuldades internas e externas e vivenciava um declínio generalizado em sua capacidade de manter o controle sobre seus vastos domínios, especialmente nos Bálcãs, no Oriente Médio e no Norte da África, representava um ponto crítico de tensão entre as potências europeias com ambições relativas a seu território, particularmente o Reino Unido, a França e a Rússia.

A Revolução Industrial, iniciada no final do século XVIII, transformou não apenas a economia, mas também afetou a política e as relações internacionais. Com a mecanização da produção e o avanço das tecnologias, países como Reino Unido, Alemanha e França se tornaram potências industriais. A industrialização levou ao aumento da produção de bens e ao surgimento de novas indústrias, proporcionando o desenvolvimento das áreas têxtil e metalúrgica, por exemplo, o que favoreceu o crescimento das economias europeias. A urbanização rápida e a migração intensa de trabalhadores para as cidades europeias criaram novas classes sociais, como a trabalhadora urbana, que à época enfrentava condições de vida e trabalho precárias. A Revolução Industrial aumentou a competição entre as potências por mercados e matérias-primas, demandando organizações militares mais sofisticadas e bem equipadas. As inovações tecnológicas, como a construção de ferrovias, navios a vapor e a fabricação de novas armas de fogo, reforçaram exércitos e marinhas, permitindo às potências europeias uma projeção de poder sem precedentes.

Ao longo do século XIX, a Europa foi também palco de uma intensa efervescência ideológica. O nacionalismo, o liberalismo e o socialismo emergiram como ideários de grande influência.

O nacionalismo, que a princípio se manifestou de forma mais tímida, especialmente após as Guerras Napoleônicas, ganhou força ao longo do século, com a unificação de países como a Alemanha e a Itália, ambos resultantes da união de Estados menores. Também contribuiu para gerar tensões nos impérios multiétnicos, como o Austro-Húngaro e o Otomano, nos quais movimentos separatistas regionais ganharam força.

O liberalismo, que defendia direitos individuais, liberdade de mercado e governos constitucionais, começou a ganhar espaço, principalmente após as Revoluções de 1848 que ocorreram em diversas partes da Europa. Tais movimentos foram, em grande parte, respostas à repressão política e ao conservadorismo das monarquias que prevaleceram a partir da reformulação geopolítica promovida pelo Congresso de Viena.

O socialismo, por sua vez, surgiu como uma crítica às condições de trabalho criadas pela Revolução Industrial e buscava, por intermédio de reformas ou revoluções, uma distribuição mais justa da riqueza. Ideias socialistas mais radicais, como as de Karl Marx, que pregavam a derrubada do capitalismo e a implantação de uma sociedade sem classes, também começaram a ganhar adeptos.

O SISTEMA INTERNACIONAL E AS POTÊNCIAS EUROPEIAS

O mundo era dominado por um conjunto de potências que exerciam grande influência política, econômica e militar, as quais competiam por território, recursos e influência global. O sistema internacional que prevaleceu entre 1815 e 1914 foi marcado por um jogo diplomático complexo, no qual as potências mundiais tentaram evitar a supremacia de uma única nação, enquanto buscaram maximizar sua própria segurança e interesses. Contudo, a rivalidade e a competição entre essas potências seriam fatores determinantes para o desenrolar dos acontecimentos que culminaram na Grande Guerra.

No início do século XX, o Reino Unido era a maior potência mundial, mantendo um império colonial vasto e abrangente que se estendia por todos os continentes. Conhecido como o "Império sobre o qual o sol nunca se põe", em virtude de sua extensão continental, o Império Britânico predominava no comércio global, possuía a mais poderosa marinha do mundo e tinha uma influência cultural e política sem igual. Seu poderio naval, sustentado pela Revolução Industrial e por avanços tecnológicos, permitia aos britânicos projetarem seu poder em qualquer ponto do planeta. A capacidade de dominar as rotas comerciais e controlar vastas áreas coloniais, como a Índia, partes da África, do Pacífico e do Caribe, fazia do Reino Unido a maior economia do mundo. No entanto, o imperialismo britânico passou a gerar tensões com outras potências, como a Alemanha pós-Unificação, que visavam aumentar sua própria influência mundial. Assim, o Reino Unido, que inicialmente adotara uma política de isolamento, logo veria a necessidade de celebrar alianças diplomáticas e militares para fazer frente a possíveis ameaças.

A Alemanha, unificada em 1871 a partir da Prússia, após a vitória sobre a França na Guerra Franco-Prussiana de 1870-1871, emergia como uma potência industrial, militar e diplomática. Em poucas décadas, firmou-se como um dos principais centros de poder europeu, desafiando a supremacia do Reino Unido e da França. A Unificação Alemã, liderada por Otto von Bismarck, daria à Alemanha uma base forte, com uma economia robusta e um exército altamente preparado. A partir de 1871, o novo país passou a buscar uma posição dominante na política europeia, com Bismarck inicialmente tentando uma acomodação por meio de um complexo sistema de alianças. No entanto, após sua destituição em 1890, a política externa alemã tornou-se mais agressiva, com o Kaiser Wilhelm II tentando desafiar o domínio britânico nos mares mediante o desenvolvimento de uma marinha poderosa, gerando uma corrida armamentista naval que provocaria um aumento significativo nas tensões internacionais e seria um fator crítico nas rivalidades entre as grandes potências. Sobre ela, o chanceler alemão Bernard von Büllow afirmou que, diante do Império Britânico sobre o qual o sol nunca se põe, "a Alemanha também quer seu lugar ao sol".

A França, derrotada pela Alemanha na Guerra Franco-Prussiana, experimentou um período de humilhação seguido de recuperação no final do século XIX. A perda da Alsácia-Lorena para a Alemanha gerou entre os franceses um ressentimento profundo e um desejo de reparação e revanche, o que motivou grande parte de sua política externa até 1914. Para restaurar seu prestígio internacional, a França se concentrou em expandir suas colônias, especialmente na África e na Ásia, onde competia com outras potências europeias. O ressurgimento da França na política europeia também se deu por meio da construção de alianças, particularmente com a Rússia e, mais tarde, com o Reino Unido, na formação da chamada Tríplice Entente.

As tensões entre França e Alemanha, alimentadas pela rivalidade imperialista e pela questão da Alsácia-Lorena, continuaram a ser pilares da política europeia, com o medo de um novo confronto entre essas duas potências pairando no ar.

A Rússia, por sua vez, era uma potência continental com vastos territórios, embora enfrentasse graves desafios, tanto internos quanto externos. No início do século XX, a Rússia era o maior país do mundo em extensão territorial, mas seus problemas estruturais eram proporcionais ao seu tamanho. O regime autocrático dos czares enfrentava um crescente descontentamento interno, especialmente entre as classes trabalhadoras e os camponeses, o que gerava tensões sociais e políticas.

No cenário internacional, a Rússia se via envolvida nas disputas pelos Bálcãs – competindo com o Império Austro-Húngaro e com a Alemanha por influência na região – e alegava agir em nome da "proteção dos povos eslavos". Essa postura baseava-se na ideia do pan-eslavismo, que atribuía à Rússia o papel de defensora dos eslavos do Sul, sobretudo dos sérvios, unidos por laços culturais, linguísticos e religiosos. Ao mesmo tempo, essa política atendia aos interesses estratégicos russos, que buscavam ampliar sua influência nos Bálcãs e garantir acesso ao mar Mediterrâneo por meio dos estreitos controlados pelo Império Otomano. A rivalidade com os otomanos era antiga e concentrava-se justamente nesses estreitos e na região balcânica, onde a Rússia também atuava como protetora dos cristãos ortodoxos, enfraquecendo o já debilitado domínio otomano. Para ganhar força diante desses rivais, a Rússia se aliaria à França e, mais tarde, ao Reino Unido, fazendo parte da Tríplice Entente.

A rivalidade entre Rússia e Japão surgiu da disputa geopolítica por influência na região do nordeste asiático, especialmente sobre a Manchúria e a Coreia, territórios estratégicos e ricos em recursos. A Rússia buscava expandir sua presença no Pacífico, assegurando portos de águas quentes e o controle de rotas comerciais, enquanto o Japão, após sua rápida modernização, via o controle desses mesmos territórios como uma necessidade vital para afirmar-se como potência imperial. O choque de interesses entre os dois impérios, ambos com ambições expansionistas na Ásia Oriental, tornou inevitável o confronto, que resultou na Guerra Russo-Japonesa (1904-1905), na qual a Rússia sofreu uma humilhante derrota.

O Império Austro-Húngaro, liderado pela antiga dinastia dos Habsburgo, fazia parte das Potências Centrais da Europa (coligação que incluía Alemanha, Império Otomano e o Reino da Bulgária), mas a complexa composição étnica de sua população e as tensões internas entre diferentes grupos que habitavam o território imperial, como eslavos, húngaros e germânicos, tornaram-no vulnerável a crises políticas. Durante o século XIX, a Áustria-Hungria se viu ainda envolvida em disputas territoriais com os vizinhos, especialmente com a Rússia e a Itália, mas também com o Império Otomano. No século XX, enfrentava grandes dificuldades para controlar a região balcânica, em razão do nacionalismo crescente de determinados grupos locais que ameaçava sua coesão. A Áustria-Hungria estava particularmente preocupada com as ações dos movimentos nacionalistas nos Bálcãs. E, de fato, essa questão seria um dos gatilhos que desencadeariam a Grande Guerra: o assassinato do arquiduque Franz Ferdinand em Sarajevo, em 1914, foi o evento que levou à declaração de guerra contra a Sérvia e contribuiu para a escalada do conflito que se tornaria mundial.

O Império Otomano, embora em franco declínio, ainda possuía uma posição estratégica significativa, localizado na interseção entre Europa, Ásia e África. Seu território se estendia desde partes da Europa Oriental até o Oriente Médio, e era uma área de interesse para as grandes potências, que buscavam ampliar sua influência nessas regiões. A expressão "homem doente da Europa", cunhada pelo czar da Rússia Nicolau I, foi utilizada para descrever o estado debilitado desse império que não conseguia mais manter sua autoridade sobre as vastas e diversas áreas que teoricamente ainda controlava.

As potências europeias, especialmente o Reino Unido e a Rússia, competiam pela influência sobre seu vasto território. A Guerra da Crimeia (1853-1856), conflito entre o Império Russo e uma aliança formada por Império Otomano, França, Reino Unido e Sardenha, foi um dos produtos dessa competição.

O enfraquecimento do Império Otomano e a crescente luta por independência dos povos sob seu domínio, como búlgaros, sérvios e gregos, também seriam, portanto, fatores-chave nas dinâmicas que resultaram no conflito mundial.

CORRIDA ARMAMENTISTA E MILITARISMO

Uma corrida armamentista precedeu a Grande Guerra. Esse processo não envolveu apenas o aumento do número de tropas ou a produção de mais armamentos, mas também refletiu um clima crescente de desconfiança entre as potências europeias e a crença de que uma guerra seria inevitável. A competição para desenvolver as melhores e mais poderosas armas, a construção de grandes exércitos e de marinhas gigantescas e a implementação de novas tecnologias militares contribuíram para transformar a Europa em um potencial campo de batalha.

A busca pela superioridade bélica verificada entre 1870 e 1914 foi alimentada por uma combinação de fatores políticos, econômicos e sociais. Durante grande parte do século XIX, a Europa experimentara uma relativa estabilidade, com as potências mais expressivas – Reino Unido, França, Alemanha, Áustria-Hungria e Rússia – tentando manter um equilíbrio de poder. Porém, à medida que o século XX se aproximava, tensões começaram a crescer, especialmente com a ascensão da Alemanha como potência industrial e militar. O crescimento do poderio militar alemão, tanto no campo terrestre quanto naval, passou a ser visto com preocupação pelas outras potências, em particular pelo Reino Unido e pela França.

O aumento das tensões foi exacerbado pela ideia, acalentada por muitos, de que uma guerra não apenas seria inevitável, mas também desejável. A crença de que um conflito poderia ser a *oportunidade* de reafirmar o poder de uma nação, expandir seus territórios e solucionar antigas disputas, levou muitos líderes a preparar seus respectivos países para um grande enfrentamento. Assim, a corrida armamentista, apresentada como uma forma de garantir a segurança nacional, tornou-se um meio de obter vantagem estratégica sobre os rivais.

O militarismo, portanto, marcou o período que antecedeu a Grande Guerra. A ênfase crescente nas forças armadas e a glorificação do conflito armado como *solução* para disputas geopolíticas internacionais eram correntes em todas as potências europeias. A ideia de que uma nação *precisava* estar constantemente preparada para a guerra levou ao fortalecimento contínuo dos exércitos e à adoção de uma mentalidade belicista por parte dos líderes políticos e militares que, posteriormente, se difundiu na sociedade. A cultura de respeito e valorização dos militares, a formação de cidadãos com *mentalidade de combate* e a ideia de que a guerra seria um meio legítimo de alcançar os objetivos nacionais foram promovidas entre as populações, especialmente na Alemanha, França, Áustria-Hungria e Rússia.

O desenvolvimento de planos de guerra detalhados, como o célebre Plano Schlieffen da Alemanha, que visava a uma rápida vitória contra a França e a Rússia, fortalecia a crença de que a guerra era não só provável, mas também *necessária* para a preservação da segurança e da posição estratégica da nação.

Além disso, a tecnologia militar avançava rapidamente, e novas armas, como metralhadoras, artilharia pesada, aviões, navios encouraçados e submarinos, estavam sendo desenvolvidas e aprimoradas. Isso gerou um ambiente ainda mais competitivo, onde cada potência buscava ter a arma mais poderosa, a mais avançada e a mais capaz de garantir a vitória em uma eventual guerra.

O Kaiser Wilhelm II, que assumiu o trono da Alemanha em 1888, iniciou uma série de reformas militares e políticas expansionistas. O Programa Naval alemão, lançado em 1898, visava à construção de uma frota capaz de rivalizar com a do Reino Unido, particularmente com a criação de novos e modernos encouraçados tipo *dreadnoughts*, navios de guerra com maior capacidade de fogo e blindagem do que os modelos anteriores.

Particularmente, a corrida naval entre britânicos e alemães se intensificou durante as primeiras décadas do século XX. A construção massiva de novos navios de guerra, especialmente encouraçados, foi um reflexo dessa rivalidade. A produção de tais embarcações por ambas as potências aumentou a sensação de insegurança em relação à supremacia militar do outro lado, com cada nação tentando superar a outra em termos de números, tonelagem e capacidade naval. Essa competição, embora restrita aos mares, teve um impacto significativo no aumento da tensão geral entre as potências, contribuindo para o clima de desconfiança e apreensão que envolvia a Europa na época.

A organização de enormes exércitos também estava em andamento. A Alemanha, com sua sólida tradição militar, possuía, pouco antes do início do conflito, um dos maiores e mais bem treinados exércitos do mundo. Suas reformas e modernizações, lideradas por Helmuth von Moltke, chefe do Estado-Maior alemão, buscavam garantir que os alemães estivessem prontos para uma guerra de grandes proporções, contando com um exército flexível e bem equipado.

A França, por sua vez, após a derrota na Guerra Franco-Prussiana, procurava reformar e investir pesadamente em seu exército, com o objetivo de recuperar a Alsácia-Lorena e se vingar da Alemanha. Esse desejo de revanche estava diretamente ligado ao reforço das forças terrestres e à melhoria das táticas militares francesas.

Na Rússia, o vasto território exigia um exército numeroso, mas a falta de infraestrutura e de modernização tecnológica impunha desafios. O país, ainda com uma estrutura agrária e defasado no quesito da industrialização, buscava, na medida do possível, melhorar a qualidade de suas tropas e aumentar sua capacidade bélica, especialmente após a humilhante derrota na guerra contra o Japão.

No centro dessa corrida militar geral estavam a França e a Alemanha, dois dos maiores e mais poderosos exércitos da Europa. Ambos os países investiam na criação de exércitos formidáveis, não apenas em termos de tamanho, mas também em termos de tecnologia e mobilização rápida, o que culminou na elaboração de planos de guerra, como o Plano 17 da França e o já mencionado Plano Schlieffen da Alemanha, que previam a rápida mobilização de tropas em caso de guerra.

Enfim, as potências europeias encontravam-se equipadas com os melhores recursos tecnológicos militares da época e, mais importante ainda, tão imersas em suas próprias rivalidades e ansiedades que não conseguiram evitar o conflito. A Grande Guerra, em muitos aspectos, foi o conflito para o qual as potências estavam se preparando durante décadas. Quando o momento chegou, já se achavam prontas para lutar.

A POLÍTICA DAS ALIANÇAS

Uma das características mais marcantes do sistema diplomático europeu nas décadas que antecederam a Grande Guerra foi a chamada "política das alianças". O conceito de aliança política e militar surgiu como uma tentativa de equilibrar o poder entre as grandes potências e evitar, ao mesmo tempo, a ascensão de uma nação hegemônica, como ocorrera com a França de Napoleão no princípio do século XIX. O cenário de incertezas, rivalidades econômicas e políticas e instabilidade internacional levou ao processo de formação das principais alianças políticas e militares que dominariam a diplomacia europeia nas primeiras décadas do século XX. Essas alianças acabariam por criar um cenário altamente volátil, onde a ocorrência de um conflito local tinha potencial para se transformar rapidamente em uma guerra em grande escala, envolvendo várias nações.

A política das alianças começara a se intensificar após a Unificação da Alemanha em 1871, que alterou drasticamente o equilíbrio de poder na Europa, já que o Império Alemão rapidamente se tornou uma potência militar e econômica após vencer a Guerra Franco-Prussiana. Sua ascensão gerou receios nas potências vizinhas, principalmente na França, que se viu isolada, sem aliados de peso para equilibrar a crescente força militar da Alemanha.

O Reino Unido continuava a ser uma potência dominante, mas seu foco estava na manutenção do império colonial, e não na Europa continental. A França, considerando-se ameaçada pela Alemanha, começou a buscar apoios para garantir sua segurança, procurando aproximar-se dos ingleses, entre outros.

O primeiro grande pacto militar foi a Tríplice Aliança. Criada em 1882, entre a Alemanha, a Áustria-Hungria e a Itália, previa que essas três potências se apoiassem mutuamente em caso de guerra, sobretudo contra a França, vista como um inimigo potencial da Alemanha; e contra a Rússia, considerada uma ameaça principalmente para a Áustria-Hungria. Já a Itália aderiu à Tríplice Aliança movida por ambições territoriais, especialmente em relação a regiões então sob controle do Império Otomano e a disputas coloniais que interessavam aos italianos.

A Alemanha, principal potência da Tríplice Aliança, possuía dois objetivos centrais: consolidar sua influência sobre a Europa Central e impedir a formação de uma coalizão adversária. Era sabido que a França desejava recuperar a Alsácia-Lorena, enquanto a Rússia buscava expandir sua influência nos Bálcãs, o que poderia resultar em uma aliança entre esses países contra o Império Alemão.

Embora a Tríplice Aliança fosse formalmente uma garantia de defesa mútua, com o tempo ficaria cada vez mais clara a dificuldade de manter a coesão entre os países-membros. A Itália, por exemplo, em determinado momento, começou a se afastar da Alemanha e da Áustria-Hungria, especialmente em relação à política nos Bálcãs. Esse afastamento era motivado por disputas territoriais com o Império Austro-Húngaro, particularmente pelas regiões do Trentino, Tirol do Sul e Ístria, habitadas por populações italianas sob domínio austríaco. Além disso, a Itália aspirava expandir sua influência nos Bálcãs e no mar Adriático, o que a colocava em rota de colisão com Viena. Tais divergências tornaram a permanência da Itália na aliança insustentável, levando-a mais tarde a romper com os antigos aliados e alinhar-se à Tríplice Entente. No entanto, até o início da Grande

Guerra, a Tríplice Aliança permaneceu uma das bases da estratégia militar alemã, ainda que enfraquecida por algumas desavenças internas.

A coalizão das Potências Centrais reunia um grupo mais amplo que o da Tríplice Aliança, incluindo países que não faziam parte do acordo original de 1882, como o Império Otomano e a Bulgária. Esses novos membros aderiram ao grupo por interesses próprios, como a possibilidade de ganhos territoriais ou obter mais poder diante de rivalidades regionais. O Império Otomano, enfraquecido internamente e pressionado por potências europeias, viu na aliança uma oportunidade de recuperar territórios perdidos para a Rússia e o Império Britânico, como os estreitos do Bósforo e Dardanelos, além de buscar apoio contra a crescente influência russa nos Bálcãs. Já a Bulgária, com aspirações expansionistas nos Bálcãs, aderiu à coalizão na esperança de obter mais poder e territórios, especialmente em relação à Grécia e à Sérvia, com as quais tinha disputas territoriais não resolvidas. Esses países, portanto, buscavam ganhos territoriais e maior influência regional, alinhando-se à Tríplice Aliança por conveniência, embora não compartilhassem todos os objetivos de longo prazo dos membros originais.

Em 1894, a França e a Rússia assinaram uma aliança militar com o objetivo de se protegerem mutuamente contra qualquer ameaça externa, especialmente da Alemanha. O Reino Unido, que a princípio manteve uma postura isolacionista, foi gradualmente atraído para a esfera desses dois países. Em 1904, firmou um acordo com a França, conhecido como *Entente Cordiale*, deixando de lado várias disputas coloniais, sobretudo no norte da África, e estabelecendo uma relação amistosa com os franceses. Em 1907, o Reino Unido se aliou à Rússia, culminando na formação da Tríplice Entente, da qual faziam parte França, Rússia e Reino Unido. A formação dessa aliança foi uma resposta ao crescente militarismo e à estratégia agressiva da Alemanha, principalmente no que diz respeito ao seu programa naval e ao que viam como uma ameaçadora postura expansionista. A Tríplice Entente não era, tecnicamente, uma aliança militar formal como a Tríplice Aliança, visto que as potências que a compunham não tinham um pacto explícito de defesa mútua, mas suas relações estavam baseadas na solidariedade diplomática e no interesse comum de frear o ímpeto da Alemanha e de seus aliados. O principal objetivo da Tríplice Entente era, portanto, criar um bloco de contenção às ambições da Tríplice Aliança.

As alianças também estavam ligadas a interesses estratégicos e geopolíticos específicos. Por exemplo, a Áustria-Hungria tinha grande interesse nos Bálcãs, onde buscava controlar os povos eslavos, enquanto a Rússia apoiava a independência de várias nações eslavas da região para, depois, colocá-las sob sua esfera de influência. A Alemanha, por sua vez, estava interessada em forjar sua supremacia no centro da Europa e em não permitir que qualquer potência desafiasse essa posição dominante.

Durante as duas primeiras décadas do século XX, a política das alianças foi complementada por uma série de acordos e tratados, que inicialmente visavam reduzir os riscos de conflito aberto. Entre os mais importantes, estavam os acordos que regulavam as disputas coloniais, como o Tratado de Algeciras, de 1906, que buscou resolver as disputas de influência entre a França e a Alemanha em relação ao Marrocos. Esses acordos, no entanto, não impediram que o imperialismo e o nacionalismo alimentassem as rivalidades entre as potências e frequentemente se mostrariam insuficientes para impedir as crises.

A Crise do Marrocos (1905-1911), por exemplo, foi um momento de grande tensão entre a Alemanha e a França, e expôs as fragilidades dos dois blocos opostos. Em 1905, a Alemanha desafiou a influência francesa ao apoiar a independência marroquina, mas o Tratado de Algeciras (1906) acabou por reafirmar o domínio francês. Em 1911, a Alemanha enviou o navio de guerra Panther ao porto de Agadir com o objetivo de pressionar a França e demonstrar força diante de sua expansão no Marrocos. A manobra visava forçar concessões coloniais, especialmente na África Central, como condição para aceitar o controle francês na região. Essa estratégia, representativa da "diplomacia das canhoneiras", elevou as tensões entre as potências, mas terminou com a Alemanha aceitando o protetorado francês no Marrocos em troca de territórios no Congo. Foi o apoio britânico à França que levou a Alemanha a recuar, demonstrando como as alianças da época, mesmo que não fossem formalmente de defesa mútua, podiam galvanizar blocos de nações. Em 1911, uma segunda crise no Marrocos reafirmou a crescente rivalidade entre a Alemanha e a França e consolidou a união entre a França e o Reino Unido, que, mais uma vez, estavam do lado oposto à Alemanha.

No fim das contas, a política das alianças não serviu para prevenir a guerra, mas para acelerar seu desencadeamento. Em vez de evitar um conflito geral, as alianças consolidaram na Europa um ambiente de elevada tensão, caracterizado por uma instabilidade latente. A natureza interligada das alianças significava na prática que, em caso de ataque a um membro, as outras potências seriam automaticamente envolvidas no conflito, o que tornava a guerra de amplas proporções uma consequência quase inevitável em caso de hostilidade decorrente de qualquer pequeno incidente. As potências, ao buscarem proteção por meio de pactos e acordos de segurança coletiva, acabaram por criar uma estrutura que, em caso de guerra, envolveria rapidamente o continente inteiro. Em 1914, o sistema de alianças tornou-se um dos principais motores de um conflito global que mudaria o curso da história.

OS NACIONALISMOS

O nacionalismo foi, sem dúvida, uma das forças mais influentes na conformação da Europa no final do século XIX e início do século XX, tendo desempenhado papel central nas rivalidades entre as potências e nas tensões internas dos grandes impérios. Mais do que um simples sentimento de lealdade à pátria, envolvia a convicção de que a nação, entendida como um corpo coletivo com língua, cultura, história e destino comuns, era a unidade política legítima e deveria ser soberana. Tal ideia, em ascensão desde as Revoluções do século XIX, amadureceu em um cenário internacional de imperialismo, militarismo e competição econômica, tornando-se um vetor de coesão e, ao mesmo tempo, de conflito.

Embora esteja frequentemente associado ao expansionismo e à supremacia nacional, o nacionalismo se apresentava de maneiras distintas, dependendo do contexto político e histórico. Nos países mais poderosos, como Alemanha, França e Itália, manifestava-se principalmente como um forte sentimento de identidade nacional, com grande ênfase na superioridade militar e cultural. Esses países promoviam um orgulho coletivo sobre suas conquistas, tanto no campo da indústria quanto no das artes, da ciência e do poderio militar.

Na Alemanha, o nacionalismo estava profundamente ligado à ascensão do império após a Unificação de 1871, um processo que consolidou a Alemanha como uma potência industrial e militar. A *Kulturkampf* (luta pela cultura) e a ideologia do poder nacional se tornaram centrais na política e na sociedade alemãs, e o sentimento de orgulho em relação ao crescimento do país foi alimentado pela visão de uma hegemonia continental capaz de rivalizar com outras potências europeias, como França, Reino Unido e Rússia. Para os alemães, o nacionalismo estava entrelaçado com o desejo de afirmar seu domínio militar, econômico e colonial.

Na França, o nacionalismo assumiu um caráter de revanche após a humilhante derrota na Guerra Franco-Prussiana, que resultou na perda da Alsácia-Lorena para a Alemanha. O desejo de recuperar esses territórios e restaurar o prestígio nacional foi uma das forças centrais que impulsionaram a política externa francesa, além de alimentar um nacionalismo de vingança e reafirmação da identidade nacional.

Este sentimento de forte lealdade à nação e a ideia de superioridade local não apenas intensificaram as tensões internas nas potências europeias, como também alimentaram uma série de conflitos internacionais. O nacionalismo europeu no início do século XX era, ao mesmo tempo, um fator unificador dentro dos Estados-nações e uma fonte de desestabilização nas relações internacionais. Na época, o nacionalismo estava ligado tanto ao desejo de preservar a soberania e a identidade de cada país quanto ao impulso expansionista, que se manifestava de diferentes formas, como a luta por territórios, a busca por influências políticas e a afirmação da identidade cultural de povos distintos.

A identidade nacional, portanto, tornou-se um projeto político deliberado, alimentado por narrativas históricas, símbolos, mitos fundadores, idiomas oficiais e culturas homogêneas promovidas pelo Estado. A escola pública, os monumentos, as datas comemorativas e os meios de comunicação emergentes desempenharam papel fundamental na construção dessa identidade. Assim, ser francês, alemão ou italiano não era só uma condição geográfica ou legal, mas também um pertencimento a um coletivo considerado superior e distinto dos demais. A exaltação da própria nação, com frequência, implicava a depreciação das outras, o que aumentava os atritos diplomáticos e contribuía para a lógica de competição entre as potências europeias.

Paralelamente, nos territórios dominados por impérios multiétnicos e multiculturais, como o Austro-Húngaro e o Otomano, o nacionalismo se manifestava de forma distinta: como luta por autodeterminação. Povos como os eslavos do Sul, armênios, árabes e búlgaros viam no nacionalismo um instrumento de emancipação. A autodeterminação, nesse contexto, era a reivindicação do direito de um povo de definir seu próprio destino político, de se organizar em um Estado soberano e independente, rompendo os vínculos com poderes imperiais que não representavam suas culturas, línguas e aspirações.

Nos Bálcãs, por exemplo, a luta pelo nacionalismo se misturava com rivalidades entre os impérios e os Estados-nações emergentes da região, como a Sérvia e a Bulgária, que desejavam expandir seus territórios e afirmar sua soberania sobre povos que estavam sob o domínio do Império Austro-Húngaro e do Império Otomano.

O nacionalismo nos Bálcãs foi uma das principais fontes de tensão que culminaram na deflagração da guerra. Após séculos de domínio otomano, os povos balcânicos começaram a se rebelar e a formar seus próprios Estados Nacionais, um processo apoiado por potências como a Rússia, que se via como protetora dos eslavos, em oposição à Áustria-Hungria, que temia a perda de territórios na região.

A Sérvia, na qualidade de principal defensora do nacionalismo eslavo nos Bálcãs, começou a apoiar movimentos separatistas em territórios sob o controle austro-húngaro, como a Bósnia-Herzegovina. A anexação desses territórios pela Áustria-Hungria em 1908, sem consultar a Sérvia, foi vista como uma agressão direta contra o nacionalismo eslavo e resultou em uma série de tensões entre os dois países.

O nacionalismo também afetou o Império Otomano, que, na transição do século XIX para o XX, enfrentava uma crescente pressão interna e externa. Nacionalismos árabe, grego, armênio e búlgaro estavam em ascensão dentro do Império, e as potências europeias, como a Rússia e a Áustria-Hungria, viam essas agitações como oportunidades para expandir sua influência sobre o território dos otomanos. A incapacidade do Império Otomano de controlar esses movimentos, combinada com a intervenção das potências estrangeiras, minou sua estabilidade e transformou-o em um império decadente. Esse enfraquecimento levou à busca por mais territórios e alianças, como a feita com a Alemanha antes da guerra, o que, por sua vez, aumentou ainda mais as tensões entre as grandes potências.

É importante distinguir o nacionalismo do patriotismo. Embora relacionados, os dois conceitos possuem implicações diferentes. O patriotismo pode ser visto como o amor ao próprio país e a disposição para defendê-lo, sem necessariamente negar ou hostilizar outras nações. Já o nacionalismo, especialmente em sua forma exacerbada, envolve a crença de que a própria nação é superior às demais, justificando políticas expansionistas, exclusivistas ou mesmo agressivas. Na Europa pré-1914, ambos os sentimentos coexistiam, mas o nacionalismo assumiu frequentemente um caráter beligerante, sobretudo entre as grandes potências.

Finalmente, o princípio da autodeterminação, embora ainda não consagrado no direito internacional da época, tornou-se uma força de mobilização dos povos submetidos, antecipando os debates que se tornariam centrais após a Primeira Guerra Mundial. A contradição entre impérios multiétnicos em declínio e o ideal nacionalista, que exigia a correspondência entre Estado e nação, era um dos elementos mais explosivos da ordem internacional.

A Grande Guerra foi o resultado de um complexo entrelaçamento de fatores, com as rivalidades geopolíticas entre as potências europeias sendo a força motriz por trás do conflito. O imperialismo, que as levou a disputarem ferozmente territórios e influências no mundo, exacerbava tensões, especialmente nas colônias, onde as rivalidades se tornaram mais acentuadas.

O militarismo, intensificado pela crença de que a força militar era a principal ferramenta para garantir os interesses nacionais, combinou-se com a corrida armamentista, que impulsionou a produção em massa de armamentos e o fortalecimento das forças militares.

O nacionalismo, por sua vez, alimentou o desejo de expansão territorial e a busca por autonomia de diversos grupos étnicos, particularmente nos Bálcãs, onde os movimentos de independência foram frequentemente reprimidos com violência. Por fim, a política das alianças, que deveria servir como uma rede de segurança entre as nações, acabou por transformar um conflito regional em uma guerra global, pois o sistema de pactos entre as potências europeias fez com que uma série de eventos locais se transformassem em uma guerra generalizada. Assim, essas causas interligadas criaram um cenário explosivo, em que a guerra parecia inevitável.

A Grande Guerra é deflagrada

Os Bálcãs, uma região historicamente fragmentada, eram uma encruzilhada de culturas, religiões e etnias, abrigando eslavos, otomanos, gregos, albaneses e outras populações. Durante o século XIX, os Impérios Otomano, Austro-Húngaro e Russo disputavam a influência sobre a região.

Após séculos de domínio otomano, o declínio desse império abriu caminho para o surgimento de movimentos nacionalistas. Países como Sérvia, Bulgária e Grécia chegaram a conquistar a independência e a autonomia parcial ou total, criando um ambiente de instabilidade devido a disputas territoriais e rivalidades entre os novos Estados.

Externamente, esses conflitos foram agravados pelas disputas entre as potências europeias. O Império Russo apoiava as nações eslavas sob a ideologia do "pan-eslavismo" (união de todos os povos eslavos), enquanto o Império Austro-Húngaro via o nacionalismo eslavo como uma ameaça à sua unidade territorial e política.

PAN-ESLAVISMO E PANGERMANISMO

O pan-eslavismo foi uma política estimulada pela Rússia que defendia a união de todos os povos de origem eslava da Europa Oriental, aproveitando-se da fragilidade do Império Otomano e procurando incluir os que estavam sob o domínio do Império Austro-Húngaro. A Rússia possuía ambições geopolíticas, em particular nos Bálcãs, assim como a Sérvia, que lutava continuamente para ampliar suas fronteiras e ter acesso ao mar. Ao longo da fronteira da Rússia com a Áustria-Hungria, viviam três minorias eslavas, de quem a Rússia se colocava na condição de defensora: ucranianos, rutenos e poloneses.

Em oposição a este movimento, os alemães desenvolveram a doutrina do pangermanismo, que propunha a formação de um bloco de países com populações de origem germânica. Na Alemanha, os jovens aprendiam nas escolas, desde cedo, que o território nacional era um cemitério de eslavos e que o povo alemão padecia da obsessão de uma ressurreição nacional. A afirmação da personalidade dos eslavos ocidentais causava inquietude e preocupação no país, assim como no Império Austro-Húngaro.

A Sérvia emergiu como um centro de ambição nacionalista, promovendo a ideia de uma "Grande Sérvia" que unisse todos os povos eslavos do Sul, muitos dos quais viviam sob o controle austro-húngaro. Essa visão era apoiada tanto pelo governo sérvio quanto por grupos clandestinos, um dos quais e mais notório era o Mão Negra, fundado em 1911 por oficiais do Exército Sérvio. Liderado pelo coronel Dragutin Dimitrijević, conhecido como "Apis", líder do serviço de inteligência da Sérvia, o Mão Negra operava com a intenção de promover a "libertação dos eslavos" e sua unificação sob a bandeira nacional do país. Essa organização utilizava táticas de terrorismo e conspiração para enfraquecer o domínio austro-húngaro, e sua atuação foi crucial na organização de atentados e sabotagens. Nesse caso, o nacionalismo foi também utilizado como ferramenta política pelo governo sérvio, que, mesmo não controlando diretamente o Mão Negra, tolerava e até mesmo apoiava suas ações.

O nacionalismo eslavo impulsionado pela Sérvia desafiava diretamente o Império Austro-Húngaro, que temia pela sua desintegração caso as minorias eslavas fossem efetivamente influenciadas por ideias separatistas.

Nesse contexto, o anseio sérvio pela anexação da Bósnia-Herzegovina, incorporada ao Império em 1908, intensificou as hostilidades.

A rivalidade austro-sérvia atingiu um ponto crítico com a convicção de que a Sérvia, respaldada pela Rússia, representava a maior ameaça à hegemonia austro-húngara nos Bálcãs.

O ASSASSINATO DO ARQUIDUQUE – O ESTOPIM DA GUERRA

Na manhã de 28 de junho de 1914, o arquiduque Franz Ferdinand, herdeiro do trono austro-húngaro, e sua esposa Sophie, duquesa de Hohenberg, foram assassinados em Sarajevo, capital da Bósnia-Herzegovina. O casal estava na cidade em missão diplomática, para observar manobras militares e fortalecer a presença da monarquia austro-húngara na região. Enquanto desfilavam em um automóvel aberto pelas ruas de Sarajevo, um primeiro atentado falhou: a bomba lançada por Nedeljko Čabrinović errou o alvo e feriu alguns transeuntes. Apesar do incidente, o arquiduque insistiu em continuar a visita, decisão que se provaria fatal. Poucas horas depois, ao retornar por uma rota não planejada, o veículo encontrou Gavrilo Princip, outro conspirador, que estava estrategicamente posicionado. Princip disparou dois tiros a curta distância: um atingiu o arquiduque no pescoço e outro a duquesa Sophie no abdômen. Ambos morreram pouco depois.

Princip, autor dos disparos, um estudante de apenas 19 anos, inspirava-se no ideário do nacionalismo eslavo. Ele e seus companheiros haviam recebido treinamento, armamento e apoio logístico de membros do Mão Negra. Os conspiradores acreditavam que a eliminação do arquiduque poderia enfraquecer o controle austro-húngaro sobre a região, possibilitando o posterior desenvolvimento da Grande Sérvia. O plano, apesar de precariamente organizado, atingiu seu objetivo primeiro. Contudo, teve implicações que foram muito além do imaginado pelos jovens envolvidos na operação, precipitando uma crise diplomática de proporções globais.

O atentado foi recebido com indignação pelas autoridades austro-húngaras, que, imediatamente, responsabilizaram a Sérvia, considerada a principal fomentadora do nacionalismo eslavo. Embora sem provas de uma ligação direta do governo sérvio com os assassinatos, a tolerância sérvia em relação a organizações como o Mão Negra foi vista como evidência de cumplicidade na morte do arquiduque e de sua esposa. O episódio foi então amplamente utilizado pela liderança austro-húngara como pretexto para reprimir a Sérvia. Em Viena, o imperador Franz Joseph e seus conselheiros consideraram o ocorrido uma oportunidade para consolidar o controle nos Bálcãs, expurgando a influência sérvia de forma decisiva.

O ULTIMATO E A PRECIPITAÇÃO DA GUERRA

Diplomaticamente, o incidente também intensificou as rivalidades entre as potências europeias. Coerente com a política de alianças militares estabelecidas anteriormente, a Alemanha ofereceu seu apoio irrestrito à Áustria-Hungria, enquanto a Rússia reafirmou sua intenção de "proteger a Sérvia". Esses alinhamentos pavimentaram o caminho para a guerra.

Para o Império Austro-Húngaro, já fragilizado pelas tensões internas envolvendo rivalidades étnicas, o atentado foi visto não apenas como um ato de violência, mas como um desafio direto à sua autoridade nos Bálcãs. Inicialmente, a reação de Viena foi ponderada, enquanto investigações preliminares buscavam identificar os responsáveis e estabelecer conexões com a Sérvia. Contudo, a pressão política interna e o apoio da Alemanha encorajaram o Império a adotar uma resposta mais agressiva.

O resultado foi o ultimato enviado à Sérvia em 23 de julho de 1914 contendo exigências draconianas, incluindo o direito de participação de autoridades austro-húngaras nas investigações dentro do território sérvio. Embora a Sérvia tivesse aceitado a maioria das condições, rejeitou algumas, consideradas violações de sua soberania. A recusa foi utilizada pela Áustria-Hungria como pretexto para romper relações diplomáticas e declarar guerra ao país em 28 de julho de 1914.

AS MOBILIZAÇÕES SUCESSIVAS E O INÍCIO DO CONFLITO

O sistema de alianças que estruturava a Europa no início do século XX foi um dos fatores cruciais para transformar a crise austro-sérvia em um conflito global. Originalmente concebido para preservar o equilíbrio de poder na Europa e dissuadir a agressão de inimigos, o sistema mostrou-se desestabilizador ao vincular rigidamente os interesses de várias potências.

A Rússia, tradicional protetora dos interesses sérvios e defensora do pan-eslavismo, mobilizou seu exército para apoiar a Sérvia, apesar das advertências austro-húngaras e alemãs em sentido contrário. A mobilização russa foi então interpretada pela Alemanha como "um ato hostil", levando Berlim a emitir um ultimato, exigindo que a Rússia cessasse suas preparações militares. Quando este foi ignorado, a Alemanha declarou guerra à Rússia no dia 1º de agosto de 1914.

As alianças e os interesses estratégicos nacionais geraram um efeito dominó que arrastou também a França para a guerra. O Reino Unido, inicialmente relutante em intervir, viu-se comprometido quando a Alemanha invadiu a Bélgica, violando a neutralidade desse país, que era garantida pelo Tratado de Londres, de 1839.

Enfim, o sistema de alianças criou um ambiente em que os países foram forçados a tomar lados rapidamente. O resultado foi uma escalada descontrolada, em que nenhum dos atores principais conseguiu recuar sob o risco de comprometer sua posição política ou militar. Em poucas semanas, uma crise local evoluiria para um conflito envolvendo as maiores potências mundiais.

A GRANDE GUERRA É DEFLAGRADA EM CADEIA DE ACONTECIMENTOS

A deflagração da guerra seguiu uma sequência rápida e inexorável, resultado do entrelaçamento das alianças e dos compromissos estratégicos assumidos previamente:

- **28 de julho de 1914**: A Áustria-Hungria declara guerra à Sérvia, após a rejeição parcial de seu ultimato.
- **30 de julho de 1914**: A Rússia ordena a mobilização geral para apoiar a Sérvia, apesar das advertências da Alemanha.
- **1º de agosto de 1914**: A Alemanha declara guerra à Rússia, acusando-a de ameaçar seu aliado, a Áustria-Hungria.
- **3 de agosto de 1914:** A Alemanha declara guerra à França, seguindo o Plano Schlieffen, que previa uma invasão preventiva através da Bélgica.
- **4 de agosto de 1914:** O Reino Unido declara guerra à Alemanha após a violação da neutralidade da Bélgica.

A interação entre essas declarações de guerra evidenciou a incapacidade das potências de ficarem fora do conflito. A crença na rapidez da guerra e o medo de parecerem fracas diante de seus aliados também contribuíram para decisões apressadas tomadas pelas principais lideranças. O resultado seria um conflito de proporções globais, pois logo também envolveria outros continentes, em razão dos impérios coloniais das potências europeias e de relações estabelecidas entre elas e países da América.

O INOVADOR PLANO SCHLIEFFEN ALEMÃO

No princípio do século XX, a Alemanha enfrentava o dilema estratégico de uma possível guerra simultânea contra a França, no oeste, e a Rússia, a leste – um cenário temido devido à aliança entre essas potências na Tríplice Entente. O risco era especialmente grave devido à vasta extensão territorial que a Alemanha precisaria defender, dividindo recursos e tropas entre duas frentes de combate.

Para enfrentar esse desafio, o Estado-Maior alemão, sob a liderança do marechal Alfred von Schlieffen, desenvolveu um plano ambicioso em 1905, com base na aplicação da estratégia indireta, que previa o desbordamento do objetivo principal, em detrimento da ação direta. O Plano Schlieffen tinha como objetivo evitar uma guerra prolongada em duas frentes, concentrando forças no Ocidente para derrotar rapidamente a França, antes de virar suas atenções para a Rússia, no Oriente. A lógica era baseada na percepção de que a mobilização russa seria mais lenta, devido à sua infraestrutura ferroviária deficiente, o que daria à Alemanha bastante tempo para vencer a França em primeira instância, para só depois enfrentar o Exército Russo.

O cerne do plano consistia em uma ofensiva massiva no Ocidente, com tropas alemãs invadindo a França pelo norte, avançando através da Bélgica e de Luxemburgo, ambos considerados países neutros. Essa rota foi escolhida com o propósito de contornar as fortificações defensivas francesas existentes ao longo da fronteira comum com a Alemanha, conhecidas como a Linha Séré de Rivières.

Schlieffen previu uma manobra de cerco em grande escala: o Exército Alemão faria um movimento em arco pelo norte da França, envolvendo Paris por trás e aniquilando as forças francesas antes que estas pudessem se reagrupar. O plano dependia de dois fatores cruciais: velocidade, visto que a invasão deveria ser executada rapidamente, antes que a França e seus aliados pudessem organizar uma defesa eficaz; e mobilização eficiente, com base nas ferrovias alemãs, altamente desenvolvidas, que seriam utilizadas para deslocar tropas rapidamente entre as frentes ocidental e oriental. O sucesso do plano se ancorava, em grande parte, em um cronograma rigoroso e preciso. Qualquer atraso poderia comprometer a estratégia, permitindo que a Rússia atacasse pelo leste, enquanto a Alemanha ainda estivesse engajada no oeste.

O Plano Schlieffen

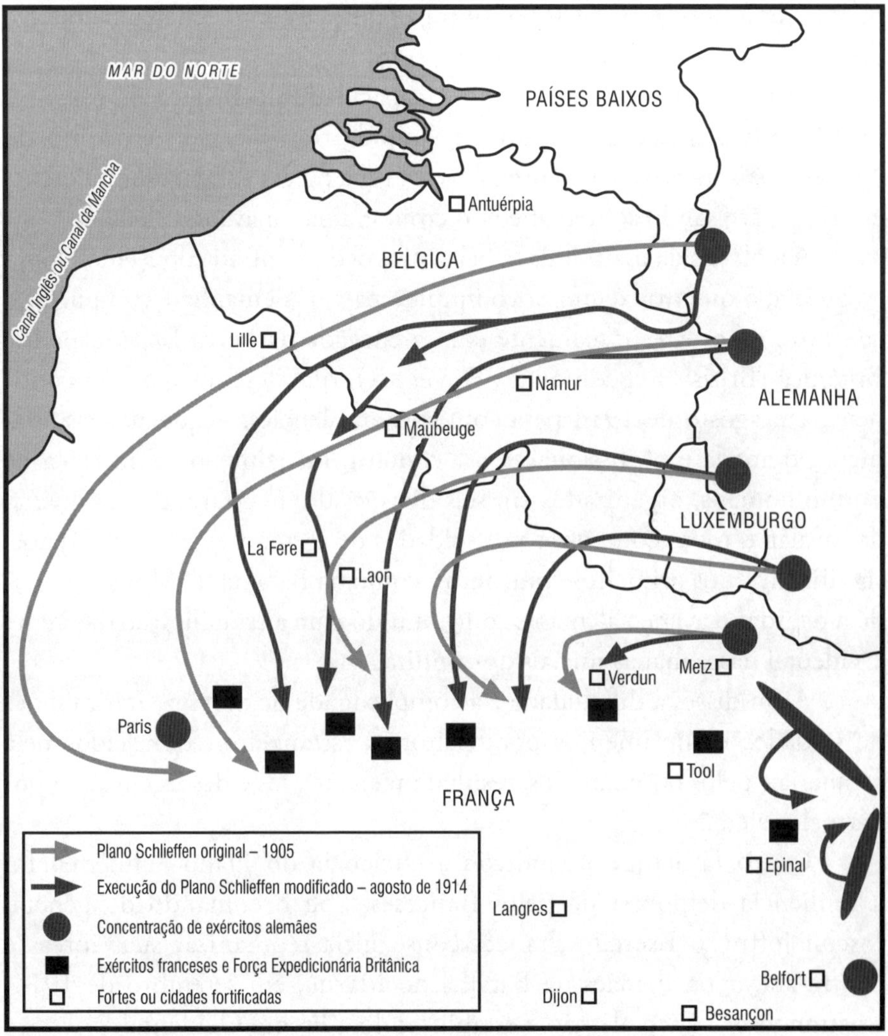

Apesar de sua ousadia, o Plano Schlieffen enfrentou desafios significativos desde o início que, ao fim da campanha, resultariam em fracasso, muitos dos quais não foram adequadamente considerados pelo alto-comando alemão.

Após a aposentadoria de Schlieffen, o plano sofreu uma modificação crucial. Seu sucessor no Estado-Maior alemão, o marechal Helmuth von Moltke – apelidado de "o jovem", para diferenciá-lo de seu tio, que havia criado a instituição e era conhecido por "Moltke, o Velho" –, desviou tropas destinadas ao flanco direito da invasão para reforçar a Frente Oriental contra a Rússia. Essa mudança enfraqueceu o dispositivo de tropas destinadas a desferir o golpe decisivo contra a França e comprometeu o objetivo principal do plano originalmente proposto.

O planejamento subestimou a capacidade da Bélgica de resistir à invasão. Os alemães esperavam uma rápida travessia pelo território do pequeno país, mas os belgas organizaram uma defesa sólida, especialmente em Liège, atrasando sobremaneira o cronograma do avanço alemão.

A violação da neutralidade belga provocou a entrada do Reino Unido na guerra, o que trouxe um novo inimigo para a Alemanha e complicou o conflito no oeste, especialmente com a chegada da Força Expedicionária Britânica (British Expeditionary Force, BEF), que desembarcou no continente em agosto de 1914 para combater os alemães. Pequena, mas altamente treinada e profissional, a BEF contava, inicialmente, com cerca de 80 mil homens, organizados em seis divisões de infantaria e uma divisão de cavalaria, todas compostas por soldados de carreira. A Força teve papel significativo nos primeiros confrontos, como na Batalha de Mons, ajudando a retardar o avanço alemão e contribuindo para a estabilização da Frente Ocidental nas semanas iniciais do conflito.

Além disso, a dificuldade e a complexidade de movimentar milhões de soldados e suprimentos por territórios estrangeiros, devastados pela artilharia e pelos bombardeios, resultaram em atrasos e desorganização por parte dos alemães.

Outro fator que prejudicou a eficiência do Plano Schlieffen foi a resiliência demonstrada pelos franceses. Sob o comando do general Joseph Joffre, o Exército Francês conseguiria reorganizar suas forças e contra-atacar os alemães na Batalha do Marne, em setembro de 1914, frustrando o avanço alemão e estabilizando a Frente Ocidental.

INVASÃO, SAQUES E ATROCIDADES NA BÉLGICA

A invasão da Bélgica pela Alemanha, em agosto de 1914, marcou um dos primeiros atos de agressão na Grande Guerra. A Bélgica, um pequeno país no coração da Europa, era formalmente neutra, conforme garantido pelo Tratado de Londres de 1839. Essa neutralidade deveria ser respeitada por todas as potências europeias, mas o Plano Schlieffen postulava que as tropas alemãs deveriam atravessar a Bélgica para invadir a França pelo norte, evitando as fortificações ao longo da fronteira franco-alemã. Assim, em 2 de agosto de 1914, a Alemanha emitiu um ultimato à Bélgica, exigindo livre passagem para suas tropas. O governo do país, liderado pelo rei Albert I, rejeitou o ultimato, reafirmando a neutralidade e a soberania belga. Em resposta, a Alemanha lançou uma invasão dois dias mais tarde, desencadeando uma resistência inesperada por parte das forças belgas. Cidades fortificadas como Liège ofereceram vigorosa oposição, atrasando o cronograma alemão e ganhando tempo para que os Aliados organizassem suas forças.

A violação da neutralidade belga teve consequências significativas. Ela justificou a entrada na guerra do Reino Unido, que considerava a defesa da neutralidade belga uma questão de honra em razão de seus compromissos internacionais. Além disso, a invasão alemã foi acompanhada por atrocidades que mancharam a imagem da Alemanha no cenário global, reforçando o sentimento de indignação entre os Aliados. Durante a invasão, as tropas alemãs haviam sido instruídas a agir com extrema severidade para esmagar qualquer resistência local e impedir ataques de guerrilha, os chamados *franc-tireurs* (franco-atiradores), combatentes irregulares que tinham se destacado na Guerra Franco-Prussiana de 1870. Embora a existência de guerrilheiros belgas tivesse sido amplamente exagerada pelos alemães, a simples suposição de sua atuação levou as forças invasoras a cometerem atrocidades sistemáticas contra a população civil.

No dia 23 de agosto de 1914, tropas alemãs massacraram 674 civis residentes na cidade de Dinant, incluindo mulheres, crianças e idosos, em represália a supostos ataques de irregulares. Como a cidade possuía, à época, uma população de cerca de 7 mil habitantes, quase 10% dos residentes foram mortos. Em agosto de 1914, os alemães destruíram grande parte da cidade de Leuven, incluindo sua famosa biblioteca universitária, repleta de manuscritos medievais de valor cultural inestimável. Centenas de civis foram executados, acusados de apoiarem combatentes irregulares. Nas pequenas vilas de Andenne e Tamines, mais de mil civis foram mortos em atos de represália semelhantes.

A OCUPAÇÃO PELA PERSPECTIVA DE UMA MULHER BELGA

Durante a invasão alemã de 1914, a Bélgica foi devastada. Tropas alemãs, sob o pretexto de combater "franco-atiradores" civis, realizaram execuções sumárias, queimaram aldeias inteiras e impuseram ocupação militar severa. Para a população civil, especialmente mulheres e crianças, a guerra significou o colapso da vida cotidiana.

Em uma pequena cidade próxima a Leuven, uma camponesa belga relatou a uma enfermeira voluntária americana, em 1915:

> Eles chegaram à noite. Mandaram que todos saíssemos de casa com as mãos erguidas. Meu pai tentou falar, e o mataram ali mesmo. Minha mãe chorava, e meu irmão pequeno gritava. Levaram meu marido com outros homens. Disseram que eram suspeitos. Nunca mais o vimos. Queimaram a igreja, depois nossa casa. Agora durmo com meus filhos no estábulo, e só temos pão uma vez por semana.

Esse relato é um entre milhares que revelam como o conflito afetou os civis nas zonas ocupadas. Mulheres belgas sofreram com a perda de familiares, o medo constante de represálias e a fome provocada pelo bloqueio e pela destruição da infraestrutura local. Apesar disso, muitas organizaram redes de ajuda mútua, esconderam feridos ou soldados em fuga e resistiram à ocupação de forma silenciosa, mas corajosa.

Esses eventos foram acompanhados por saques, incêndios e destruição generalizada de vilarejos e cidades, resultando em um grande número de refugiados. O comportamento das tropas germânicas foi amplamente documentado, inclusive por jornalistas e diplomatas estrangeiros, o que ajudou a consolidar a imagem da Alemanha como uma potência agressora e brutal.

As atrocidades alemãs na Bélgica geraram uma onda de condenação internacional e ajudaram a moldar a propaganda aliada. Documentos como o Relatório Bryce, encomendado pelo governo britânico, detalharam as ações alemãs e foram amplamente divulgados para galvanizar o apoio público à guerra. Embora algumas alegações desse documento tenham sido exageradas ou fabricadas, o impacto psicológico e político foi profundo, fortalecendo a percepção de que a Alemanha estava conduzindo uma guerra bárbara. A necessidade de defesa da "pobre e pequena Bélgica" tornou-se um poderoso tema de propaganda, mobilizando o apoio popular à guerra.

A invasão desempenhou um papel crucial na decisão do Reino Unido de entrar no conflito, fornecendo uma justificativa moral e legal para declarar guerra à Alemanha em 4 de agosto de 1914.

Cartaz de propaganda britânico, de autoria de Bernard Partridge, representando o "estupro da Bélgica" pelos alemães. (Musée Royale d'Histoire Militaire et des Forces Armées, Bruxelas)

Além disso, a destruição de cidades, como Leuven e Dinant, simbolizou um ataque à tradicional herança cultural europeia, aprofundando o repúdio internacional às ações alemãs. Essas atrocidades não apenas prejudicaram a posição diplomática da Alemanha, mas também serviram como um ponto de união para os Aliados, que utilizaram a narrativa da resistência belga de forma intensa na propaganda de guerra. Cartazes, discursos e panfletos difundiram a imagem da Bélgica como uma nação pequena, corajosa e vítima da brutalidade alemã, reforçando a ideia de que os Aliados lutavam não somente por seus interesses, mas sobretudo pela defesa da civilização e da justiça. Essa narrativa foi essencial para mobilizar a opinião pública, justificar o esforço de guerra e atrair o apoio de nações ainda neutras.

A BATALHA DAS FRONTEIRAS

Uma série de combates travados entre 7 de agosto e 13 de setembro de 1914, bem no início dos conflitos, ao longo das fronteiras da França com a Alemanha e a Bélgica foi caracterizada como a Batalha das Fronteiras. Esse conjunto de enfrentamentos reflete as movimentações iniciais das potências europeias no início da guerra, marcadas pelo choque de exércitos imensos e pela busca de uma vitória decisiva em diferentes setores da frente.

Como parte de seu Plano 17, o Exército Francês lançou uma ofensiva em direção à Lorena, região ocupada pela Alemanha desde a Guerra Franco-Prussiana. Apesar do entusiasmo e do espírito ofensivo iniciais, as tropas francesas encontraram forte resistência alemã e sofreram pesadas baixas, sendo forçadas a recuar. Na tentativa de avançar pelo terreno densamente florestado das Ardenas, as forças francesas e alemãs travaram combates intensos, marcados por erros de planejamento e elevada taxa de mortalidade. Na Bélgica, após a queda de Liège, a resistência oferecida pelo Exército Belga continuou a atrasar o avanço alemão, especialmente em cidades como Namur e Mons, onde também ocorreu a primeira grande participação da Força Expedicionária Britânica.

O Exército Alemão, sob o comando do marechal Helmuth von Moltke, seguiu o Plano Schlieffen procurando concentrar sua força no flanco direito para invadir a França pelo norte. A estratégia alemã dependia de um avanço rápido e esmagador, mas a realidade foi diferente. A resistência belga atrasou o progresso alemão, enquanto as batalhas na linha de fronteira revelaram que as forças francesas e britânicas, embora inicialmente desorganizadas, eram mais resilientes do que o esperado. Além disso, os germânicos enfrentaram problemas logísticos, exaustão das tropas e dificuldades em manter suprimentos para o avanço.

Apesar disso, os alemães conseguiram vitórias significativas, empurrando as forças da Entente para o interior da França. A ofensiva parecia próxima do sucesso, mas a velocidade mal planejada do avanço alemão criou lacunas em suas linhas, tornando-as vulneráveis a contra-ataques, uma fraqueza que seria explorada na Batalha do Marne.

Embora as forças francesas tivessem enfrentado derrotas iniciais devastadoras, como na Batalha de Charleroi, os franceses demostraram notável capacidade de recuperação. O general Joffre reorganizou suas tropas, concentrando-as em posições defensivas enquanto retirava as forças desgastadas para evitar cercos. Essa estratégia preparou o terreno para o contra-ataque que culminaria no Marne.

A Força Expedicionária Britânica também desempenhou um papel crucial, lutando na Batalha de Mons, onde conseguiu atrasar temporariamente o avanço alemão, apesar de ser forçada a recuar. A resistência coordenada franco-britânica, juntamente com o apoio belga, revelou que as forças aliadas estavam longe de serem derrotadas. A Batalha das Fronteiras assinalou o fracasso da Alemanha em alcançar sua vitória decisiva inicialmente esperada.

A CONTENÇÃO DO AVANÇO ALEMÃO NA BATALHA DO MARNE

A invasão da França pela Alemanha, iniciada em agosto de 1914, era a etapa crucial do Plano Schlieffen. Após atravessar a Bélgica e o norte de Luxemburgo, atrasadas pela resistência inesperada, as forças alemãs finalmente investiram contra a França, com o objetivo de cercar Paris e obter uma vitória inquestionável.

A velocidade do avanço alemão, combinada com sua superioridade numérica inicial, causou grande preocupação entre os líderes militares franceses e britânicos.

Enquanto o Exército Francês lutava para conter os invasores, a Força Expedicionária Britânica desembarcou no continente e uniu-se aos esforços para retardar o progresso alemão. A resistência conjunta, embora limitada, ajudou a atrasar ainda mais o cronograma alemão, dando tempo para a reorganização das forças Aliadas.

A investida alemã trouxe devastação às regiões que atravessou, forçando a evacuação de civis e a destruição de infraestrutura vital. No entanto, a determinação dos defensores e alguns erros estratégicos do comando germânico abriram brechas que seriam decisivas nas batalhas subsequentes.

A Batalha do Marne, travada entre 5 e 12 de setembro de 1914, foi o ponto de inflexão que impediu a concretização do Plano Schlieffen e marcou o início da estabilização da Frente Ocidental. As tropas alemãs, já esgotadas pelo avanço inicial e enfrentando problemas logísticos e resistência inesperada, aproximavam-se perigosamente de Paris. O governo francês, percebendo a gravidade da situação, preparou-se para evacuar a capital, mas o general Joffre tomou uma decisão ousada: lançar um contra-ataque total. A batalha ocorreu ao longo do rio Marne, com a participação decisiva de tropas francesas e britânicas. Reforços foram transportados desde Paris até a frente de batalha por taxistas parisienses – um evento que se tornou símbolo do esforço desesperado e patriótico francês. O contra-ataque surpreendeu os alemães, que foram forçados a recuar para o rio Aisne, onde estabeleceram uma linha de posições defensivas.

A vitória aliada no Marne foi atribuída pelos analistas à capacidade de coordenação entre os exércitos francês e britânico, à resiliência das tropas e à exaustão das forças alemãs. Foi a primeira grande derrota do Império Alemão na guerra, demonstrando que a campanha no Ocidente não seria "uma rápida vitória" como os alemães haviam planejado.

Essa derrota alemã teve implicações estratégicas e táticas. Para a Alemanha, significou o fracasso do Plano Schlieffen e a necessidade de ajustar suas operações militares. Com o recuo para o Aisne, os alemães começaram a escavar trincheiras defensivas, marcando o início da chamada Guerra de Trincheiras na Frente Ocidental. A incapacidade de alcançar uma vitória rápida obrigou a Alemanha a lutar em duas frentes, exatamente o cenário que o Plano Schlieffen pretendia evitar. Em termos estratégicos, o conflito seguia desfavoravelmente para a Alemanha.

A CORRIDA PARA O MAR E A GUERRA DE TRINCHEIRAS

Para os Aliados, a vitória no Marne não foi apenas um momento de alívio, mas também um estímulo moral. A defesa bem-sucedida de Paris e o recuo alemão provaram que a guerra não estava perdida e que a cooperação entre a França e o Reino Unido poderia ser eficaz. No entanto, também ficou evidente que a guerra seria longa e exigiria esforços massivos de mobilização e coordenação.

O recuo alemão após a Batalha do Marne marcou o fim da Batalha das Fronteiras e o início de uma nova fase no conflito: a transição de uma guerra de movimento para uma guerra de posição, com a formação do sistema de trincheiras que dominaria a Frente Ocidental pelos próximos anos.

Após o fracasso da ofensiva alemã no Marne, suas forças recuaram e estabeleceram posições defensivas apoiadas no rio Aisne. Isso marcou o início de uma série de manobras e contramanobras, enquanto ambos os lados tentavam romper o impasse e superar as linhas defensivas do inimigo. À medida que cada tentativa era frustrada, os combates deslocavam-se mais para o norte, aproximando-se do litoral do Mar do Norte, movimento chamado de "Corrida para o Mar".

As batalhas que caracterizaram a Corrida para o Mar incluíram combates intensos em áreas como Arras, La Bassée e Ypres. Cada exército procurou garantir o controle de pontos estratégicos, como cruzamentos ferroviários, cidades e portos, que eram vitais para transporte e abastecimento. A importância estratégica do litoral era evidente para ambos os lados. Para os Aliados, controlar a costa belga e os portos do norte da França significava garantir linhas de abastecimento e impedir que a Alemanha utilizasse portos como bases navais ou de submarinos. Já para os alemães, avançar em direção ao litoral poderia isolar a Força Expedicionária Britânica do restante das forças aliadas e proporcionar uma base para operações contra o Reino Unido.

A Corrida para o Mar

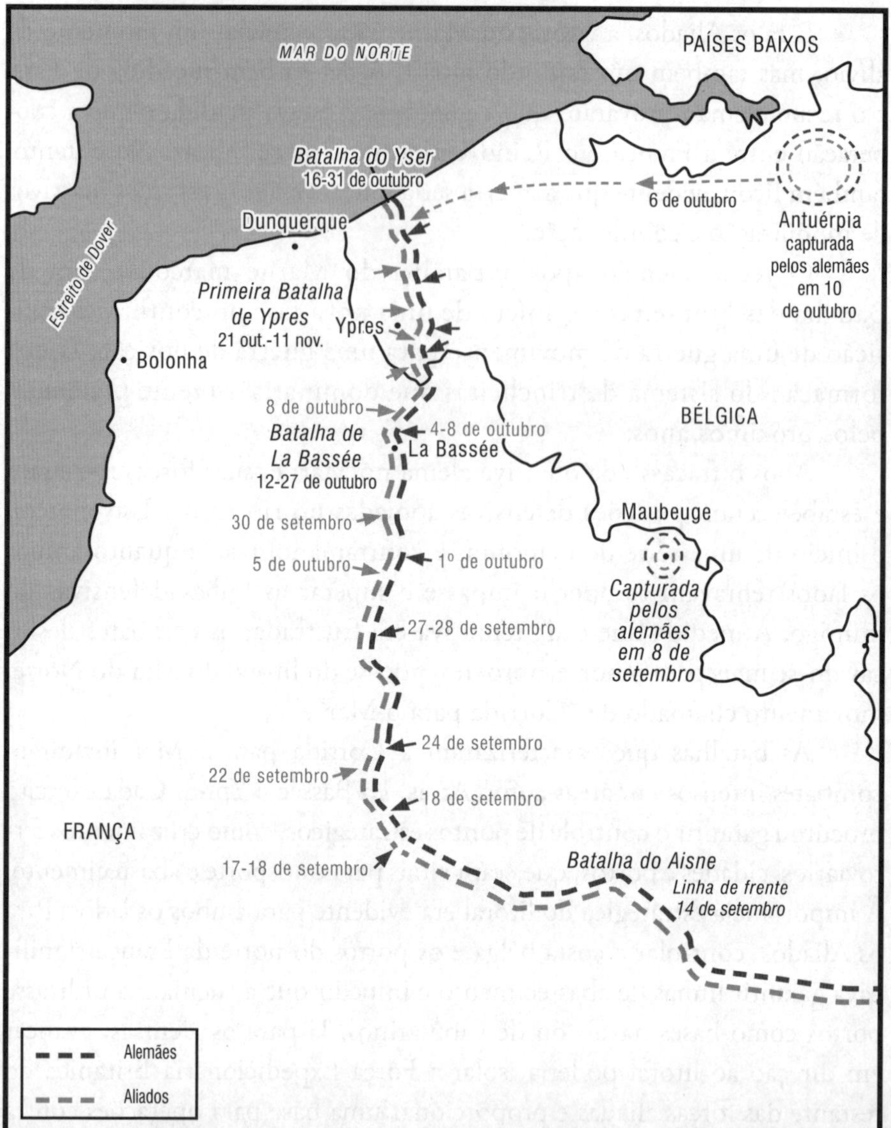

No entanto, a natureza do terreno e as crescentes dificuldades logísticas tornaram essa "corrida" especialmente desafiadora. Os campos abertos do norte da França e da Bélgica expunham as tropas aliadas ao fogo inimigo, enquanto o solo pantanoso dificultava o transporte de artilharia pesada e suprimentos. Além disso, os combates em áreas urbanizadas e vilarejos densamente povoados aumentaram a destruição e o sofrimento civil. Durante este período, o envolvimento da Bélgica foi novamente crucial. Apesar da ocupação de grande parte de seu território, as forças belgas, sob o comando do rei Albert I, ofereceram forte resistência na região de Flandres, contribuindo, mais uma vez, para o atraso do avanço alemão.

A Corrida para o Mar terminou em novembro de 1914, quando ambos os lados chegaram à costa belga do Mar do Norte, incapazes de flanquear um ao outro. O resultado foi o estabelecimento de uma linha contínua de trincheiras, que se estendeu desde o Mar do Norte, em Nieuwpoort, até a fronteira com a Suíça. Essa linha, com mais de 700 km de extensão, definiu a Frente Ocidental e marcou o início da Guerra de Trincheiras.

O fracasso de ambos os lados em romper as linhas inimigas revelou as limitações das estratégias tradicionais de guerra de movimento frente às novas tecnologias e táticas defensivas. A guerra, que muitos esperavam ser curta, transformou-se em um impasse prolongado, no qual o progresso era medido em metros, ao custo de milhares de vidas.

Para os civis, o impacto da Corrida para o Mar foi devastador. Cidades e vilarejos foram destruídos no processo, os deslocamentos populacionais forçados criaram crises humanitárias sem precedentes. Na Bélgica, particularmente, as constantes atrocidades alemãs continuaram a mobilizar a opinião pública internacional contra o Império Alemão.

A GUERRA DE TRINCHEIRAS

A Guerra de Trincheiras foi uma das características mais marcantes da Grande Guerra na Frente Ocidental. As trincheiras eram estreitas escavações no solo, frequentemente reforçadas com sacos de areia e tábuas de madeira ou outros materiais, para evitar desmoronamentos. A estrutura básica incluía linhas frontais, de apoio e de reserva, conectadas por túneis e caminhos estreitos. No entanto, essas trincheiras estavam longe de oferecer proteção e conforto. As condições eram deploráveis: a lama era constante, especialmente durante o inverno e sob chuva, tornando o solo escorregadio e inóspito. O mau cheiro era onipresente, resultado de alimentos em decomposição, dejetos humanos, animais, corpos insepultos e ausência de saneamento básico.

O cotidiano nas trincheiras era um teste de resistência física e psicológica. Os soldados enfrentavam constantes ameaças de morte, como bombardeios de artilharia, ataques de gás tóxico e assaltos surpresa. O uso de armas químicas, como os gases mostarda e cloro, era especialmente aterrorizante, causando lesões graves e mortes lentas e dolorosas. Além disso, os *snipers* (atiradores de elite) inimigos transformavam qualquer movimento fora das trincheiras em risco de vida imediato. Mesmo quando os combates diretos cessavam, a tensão permanecia, pois a qualquer momento a ordem de "sair à carga" poderia ser dada, resultando em ataques que frequentemente terminavam em massacre.

A rotina incluía longos períodos de inatividade intercalados com ataques intensos e violentos. Os soldados passavam horas, ou mesmo dias, expostos ao frio, à fome e à exaustão, muitas vezes infestados por piolhos e sofrendo com doenças, como a "febre das trincheiras" ou "pé de trincheira" – uma condição causada pela exposição prolongada à umidade, que podia levar à gangrena dos membros inferiores. Além disso, o isolamento emocional e a constante proximidade da morte provocavam colapsos nervosos, conhecidos como "neurose de guerra" ou "fadiga de combate" (atualmente classificados como Transtorno de Estresse Pós-Traumático – TEPT).

A Guerra de Trincheiras também foi marcada por tentativas de sobrevivência criativas. Muitos soldados escreviam cartas, diários ou criavam desenhos para escapar mentalmente do ambiente opressivo. Em momentos de trégua, trocas informais com o inimigo podiam ocorrer, embora fossem raras e rapidamente suprimidas pelos comandos superiores. Ainda assim, a monotonia era interrompida com frequência por novos bombardeios ou ataques, lembrando constantemente que a guerra não dava trégua real.

A Guerra de Trincheiras simbolizou a brutalidade e a estagnação da Grande Guerra, expondo os horrores de um conflito prolongado que exigia resiliência em meio a condições inimagináveis.

A FRENTE ORIENTAL

Enquanto a situação na Frente Ocidental rapidamente se transformava em um impasse, com trincheiras e batalhas estacionárias, a Frente Oriental era marcada pela mobilidade e por campanhas que cobriam vastos territórios. A guerra no leste envolveu principalmente o Império Russo de um lado e as Potências Centrais – Alemanha e Áustria-Hungria, em especial – do outro.

A Frente Oriental apresentava desafios únicos, incluindo enormes distâncias, infraestrutura ferroviária deficiente e maior dispersão de forças. Além disso, as diferenças de modernização e qualidade entre os exércitos eram notáveis. Enquanto a Alemanha era amplamente industrializada e bem equipada, a Rússia, por se tratar de um país essencialmente agrário, enfrentava deficiências logísticas e tecnológicas que frequentemente comprometiam suas operações.

O Estado-Maior alemão, liderado por oficiais como os generais Paul von Hindenburg e Erich von Ludendorff, via a Frente Oriental como uma oportunidade de infligir derrotas decisivas à Rússia. Já a Áustria-Hungria, com exércitos menos preparados e enfrentando pressões internas nos Bálcãs, dependia fortemente do apoio germânico. Em contrapartida, a Rússia buscava pressionar a Frente Oriental para aliviar a pressão sobre seus aliados nos campos de batalha da França e da Bélgica.

Um dos confrontos mais emblemáticos da Frente Oriental foi a Batalha de Tannenberg, travada entre 26 e 30 de agosto de 1914, na Prússia Oriental. As forças russas, sob o comando do general Alexander Samsonov, invadiram a Prússia Oriental como parte de uma ofensiva em dois eixos, planejada para dividir os exércitos alemães. No entanto, problemas de comunicação e falhas de coordenação entre os russos permitiram que os alemães se concentrassem contra cada um deles separadamente.

Hindenburg e Ludendorff lideraram as forças alemãs em um rápido contra-ataque, cercando o exército de Samsonov e infligindo uma derrota devastadora. Mais de 90 mil soldados russos foram capturados, e Samsonov cometeu suicídio, em pleno campo de batalha, diante do desastre. A vitória alemã em Tannenberg foi propagandeada como um triunfo nacional, fortalecendo o moral do exército e consolidando a reputação de seus líderes. Outra batalha significativa foi a dos Lagos Masurianos, travada em setembro de 1914, na qual os alemães mais uma vez derrotaram as forças russas, forçando-as a recuar para além de suas fronteiras iniciais.

Trincheira russa na região da floresta de Sarikamish, Frente Oriental, 1914. (Fotógrafo não identificado. Imperial War Museum, Londres)

Apesar das derrotas, o Exército Russo permaneceu uma força considerável, devido à grande população do país, que lhe proporcionava numerosos contingentes de tropas, e à sua capacidade de mobilização. Mesmo assim, sua estratégia defensiva, combinada com a incapacidade de sustentar ofensivas eficazes, prejudicou suas chances de vencer a guerra no leste.

Embora a Alemanha tivesse alcançado vitórias importantes na Frente Oriental, o custo humano e material foi significativo. Os esforços alemães necessários para apoiar a Áustria-Hungria – frequentemente considerada o "elo mais fraco" das Potências Centrais – desviaram recursos e tropas que poderiam ter sido usados na Frente Ocidental. Além disso, as vastas distâncias e a necessidade de manter múltiplas frentes simultaneamente sobrecarregaram as capacidades logísticas alemãs.

Para a Áustria-Hungria, a Frente Oriental foi ainda mais catastrófica. Suas forças sofreram repetidas derrotas nas batalhas iniciais contra os russos, incluindo a Batalha da Galícia, onde perderam extensos territórios e centenas de milhares de homens. Esses fracassos forçaram o Império Austro-Húngaro a depender quase inteiramente do apoio militar alemão para evitar o colapso total.

A Rússia, por sua vez, enfrentou enormes dificuldades internas que enfraqueceram sua capacidade de sustentar a guerra. A escassez de armamentos, a liderança deficiente e a insatisfação crescente entre soldados e civis minaram o esforço de guerra. As pressões do conflito na Frente Oriental contribuíram para a instabilidade social e política, que culminaria na Revolução Russa de 1917.

O conflito travado a partir dos avanços da Revolução Industrial mostrava sua face. Apesar de ter-se iniciado em agosto, quando o ano de 1914 terminou, em apenas quatro meses já havia produzido 4,2 milhões de baixas, incluindo 1,7 milhão de mortos e 2,5 milhões de feridos. No ano seguinte, o conflito se expandiria e assumiria um patamar de morte e destruição nunca antes experimentado.

1915 – A guerra se expande em novas frentes de combate

O ano de 1915 marcou uma importante transição na guerra, que havia, no ano anterior, começado com rápidas movimentações de tropas e batalhas decisivas que traziam uma expectativa de possível e breve vitória para um dos lados. O novo ano revelou-se diferente: o avanço tecnológico das armas, combinado com a inesperada resiliência apresentada pelas forças oponentes, resultou em um cenário de estagnação na Frente Ocidental. Assim, a guerra assumiu um caráter de atrito prolongado, contrariando as expectativas iniciais de uma resolução célere.

A GUERRA NÃO SERÁ RÁPIDA

Ao final de 1914, a Frente já se encontrava imobilizada em um complexo sistema de trincheiras que se estendia do Mar do Norte até a fronteira da Alemanha com a Suíça. As Potências Centrais e a Tríplice Entente, cientes das dificuldades de romper as linhas inimigas, começaram a adaptar suas estratégias, envolvendo, por um lado, uma dependência maior de novas tecnologias bélicas, como os gases venenosos, a artilharia e a metralhadora, e, por outro, uma reorganização logística para sustentar os combates em larga escala.

O início de 1915 também assinalou uma mudança na percepção da guerra por parte das populações civis. Inicialmente, o conflito havia sido recebido com entusiasmo, mas, à medida que as fatalidades aumentaram e as condições econômicas se deterioraram, o apoio popular começou a declinar. Os governos, por sua vez, intensificaram o uso de propaganda para justificar o prolongamento do conflito, apresentando-o como uma luta essencial para a sobrevivência das respectivas nações.

O ano marcou, portanto, um momento crucial na Grande Guerra, quando o imaginário de uma vitória rápida deu lugar à realidade de um confronto prolongado, que exigiria tanto recursos expressivos quanto resiliência. Essa transformação moldaria as estratégias e os acontecimentos dos anos seguintes, enquanto as potências beligerantes se adaptavam a um cenário de guerra total, que não poupava soldados nem civis.

O ano de 1915 foi marcado por uma série de tentativas das forças da Tríplice Entente de romper as linhas alemãs na Frente Ocidental. Entre essas iniciativas, destacam-se as ofensivas em Artois e Champagne, que ilustraram tanto o compromisso dos Aliados com uma guerra de desgaste quanto as dificuldades enfrentadas em superar as defesas entrincheiradas do inimigo. Apesar de cuidadosamente planejadas, ambas as operações resultaram em ganhos territoriais limitados e perdas humanas consideráveis, ressaltando os desafios estratégicos que definiriam significativa parte da Grande Guerra.

A primeira Ofensiva de Artois, conduzida pela França em maio, teve como objetivo principal romper a linha alemã na região de Arras e, em seguida, avançar em direção ao norte para libertar Lille, importante centro industrial e ferroviário ocupado pelos alemães, junto à fronteira franco-belga. O general Joffre acreditava que um ataque maciço, apoiado por artilharia pesada, poderia forçar os alemães a recuarem. No entanto, apesar de um bombardeio preliminar intenso, as tropas francesas encontraram sólida resistência alemã, reforçada por metralhadoras e trincheiras bem defendidas. O terreno irregular e a falta de coordenação entre as unidades aliadas dificultaram ainda mais o avanço. No final, os franceses conseguiram avanços pontuais, mas sem alcançar seus objetivos estratégicos.

Simultaneamente, uma segunda ofensiva na região de Champagne, lançada no final de 1915, buscou explorar o mesmo conceito de ataque massivo contra posições entrincheiradas. A campanha foi uma continuação da ofensiva inicial na região, lançada no final de 1914, e visou pressionar os alemães em uma frente mais ampla. Embora o bombardeio de artilharia tivesse sido ainda mais intenso do que em Artois, os resultados foram semelhantes. As tropas aliadas avançaram por alguns quilômetros em algumas áreas, mas foram rapidamente contidas por contra-ataques alemães e pelo terreno devastado, que dificultou o reabastecimento e a mobilidade das forças.

Essas ofensivas não apenas ilustraram a brutalidade da guerra de trincheiras, mas também destacaram as deficiências táticas e logísticas da Entente. Os ataques foram frequentemente precedidos por longos bombardeios de artilharia, que alertaram os defensores e lhes deram tempo para reforçar suas posições. Além disso, a coordenação entre artilharia e infantaria foi muitas vezes deficiente, resultando em perdas humanas desproporcionais em relação aos ganhos territoriais ou estratégicos.

As campanhas em Artois e em Champagne também tiveram implicações psicológicas significativas para os soldados. A combinação de bombardeios incessantes, ataques fracassados e condições precárias no campo de batalha contribuiu para um aumento no desgaste do moral entre as tropas. Ao mesmo tempo, essas operações forçaram os líderes militares a reconsiderarem suas abordagens estratégicas, buscando maneiras de integrar melhor a tecnologia e as táticas modernas ao combate.

Embora os ganhos obtidos fossem modestos, as ofensivas aliadas de 1915 marcaram o início de uma guerra de atrito que se tornaria característica da Frente Ocidental.

As baixas foram enormes: os Aliados perderam quase 240 mil homens, mortos e feridos na batalha de outono em Champagne e na área de Lens, enquanto os alemães perderam 150 mil soldados em ambos os setores. Mais do que simples batalhas, esses ataques representaram o esforço desesperado dos Aliados para romper o impasse estratégico, mesmo ao custo de perdas devastadoras. Esse padrão se repetiria nos anos seguintes, até que inovações tecnológicas e doutrinárias fossem desenvolvidas, permitindo abordagens mais eficazes para superar o impasse das trincheiras.

NO CALOR DA BATALHA – A GUERRA VISTA POR ERNST JÜNGER

Ernst Jünger (1895-1998) foi um jovem voluntário alemão que combateu intensamente nas trincheiras da Grande Guerra. Ferido várias vezes, sobreviveu ao conflito e publicou, em 1920, seu relato autobiográfico *Tempestades de aço* (*In Stahlgewittern*), no qual descreve com brutal franqueza a realidade do combate moderno. Ao contrário de muitos autores que adotaram um tom pacifista ou desencantado, Jünger retratou a guerra como uma experiência extrema, formadora e reveladora do caráter humano, o que gerou intensos debates entre críticos e leitores.

O trecho a seguir relata um momento de combate corpo a corpo em meio a um ataque noturno. A linguagem direta e o ritmo acelerado transmitem o caos e a intensidade física da guerra:

> Corremos em direção à trincheira inimiga. O interior era um pandemônio. Homens se enfrentavam à baioneta, granadas de mão explodiam por todos os lados e gritos agudos se elevavam no ar. De súbito, me vi frente a frente com um britânico. Disparamos ao mesmo tempo. Ele caiu de costas, e senti uma queimadura no braço. Era como se o próprio mundo tivesse explodido em fúria. Nada restava senão o instinto de matar e sobreviver.

O texto de Jünger é uma das mais impactantes descrições da guerra de trincheiras, oferecendo ao leitor uma visão de dentro do combate, escrita por alguém que conheceu pessoalmente a intensidade e o terror do *front*. Embora sua obra tenha sido, por vezes, lida como uma glorificação da guerra, ela também revela a desumanização do campo de batalha e os efeitos profundos que a violência tem sobre os indivíduos.

NOVAS AÇÕES NA FRENTE ORIENTAL

Na Frente Oriental, o ano de 1915 foi marcado por uma das mais decisivas operações militares do conflito: a Ofensiva Gorlice-Tarnów. Lançada em maio, foi liderada pela Alemanha e pelo Império Austro-Húngaro contra o Exército Russo na região da Galícia (atual território da Polônia). Planejada a princípio como uma operação limitada para aliviar a pressão sobre as tropas austro-húngaras, que enfrentavam dificuldades após derrotas no início da guerra, a ofensiva rapidamente evoluiu para um ataque massivo que transformaria de maneira significativa a dinâmica da guerra no Leste Europeu.

Sob o comando direto do general alemão August von Mackensen e com apoio logístico e estratégico das forças austro-húngaras, as Potências Centrais reuniram um grande contingente de tropas, apoiado por uma concentração sem precedentes de artilharia pesada. A ofensiva começou com um bombardeio de artilharia devastador, que rompeu as linhas defensivas russas em vários pontos. A precisão e a intensidade desse bombardeio marcaram um ponto de virada na guerra, estabelecendo um padrão de uso coordenado entre artilharia e infantaria que seria replicado nas campanhas futuras.

O impacto inicial da ofensiva foi impressionante. As forças russas, mal equipadas e desorganizadas, foram incapazes de conter o avanço das Potências Centrais. Em questão de semanas, os exércitos alemão e austro-húngaro capturaram milhares de prisioneiros, além de vastos territórios. A ofensiva continuou ao longo do verão, culminando em uma grande retirada russa, que viu os exércitos do czar recuarem profundamente para dentro de seu território, abandonando grandes regiões da Polônia, Lituânia e partes da Ucrânia. Esse recuo revelou não apenas as fraquezas militares da Rússia, mas também as dificuldades logísticas e econômicas que minavam seu esforço de guerra.

O sucesso da Ofensiva Gorlice-Tarnów representou uma vitória estratégica significativa para as Potências Centrais. Além de aliviar a pressão sobre o Exército Austro-Húngaro, ela consolidou o domínio alemão sobre a condução militar na Frente Oriental. A retirada russa também teve consequências catastróficas para os civis nas regiões ocupadas, que enfrentaram destruição generalizada, deslocamento populacional em massa e violência associada à ocupação militar.

O VELHO QUE FICOU –
UM TESTEMUNHO DA SÉRVIA OCUPADA

Em 1915, as tropas austro-húngaras invadiram a Sérvia com brutalidade. Vilas inteiras foram incendiadas, homens deportados ou executados, e as pessoas que restaram – mulheres, crianças e idosos – ficaram à mercê da ocupação militar. Um relato coletado por investigadores aliados após a guerra registra as palavras de um ancião da vila de Kragujevac, então com 78 anos:

> Quando os soldados chegaram, já não tínhamos forças para fugir. Minha esposa estava doente, e eu não conseguia mais andar longas distâncias. Os jovens já haviam partido ou estavam mortos. Vi minha casa queimar. Eles disseram que era punição por "ajudarmos os rebeldes". Fiquei sentado perto da igreja destruída, contando os dias sem comida. Uma criança me trazia raízes, outra dividia comigo o que achava nos campos. Sobrevivemos. Mas de minha vila, só restaram cinzas e dois velhos.

Esse testemunho ilustra o destino de milhares de idosos balcânicos, que viveram a guerra não com armas nas mãos, mas com a impotência de assistir à destruição de suas comunidades. A guerra, nesses casos, foi a experiência da solidão, do abandono e da sobrevivência passiva diante da violência total.

No entanto, apesar de sua eficácia inicial, a ofensiva não conseguiu forçar a Rússia a sair da guerra, como esperavam os líderes alemães e austro-húngaros. O Exército Russo, embora severamente enfraquecido, conseguiu estabilizar suas linhas defensivas no final de 1915, ao mesmo tempo que o esforço logístico necessário para sustentar o avanço acabou por sobrecarregar as Potências Centrais, que começavam a enfrentar problemas de abastecimento e desgaste de suas tropas.

A Ofensiva foi um exemplo clássico da guerra de movimento na Frente Oriental, em contraste com a estagnação observada no Ocidente. Ela não só destacou o poder da coordenação estratégica e do uso intensivo de artilharia, mas também revelou os limites de campanhas ofensivas prolongadas em uma guerra que já assumia o caráter de atrito. Essa operação moldou os eventos subsequentes no leste, deixando claro que, embora vitórias táticas fossem possíveis, o conflito estava muito distante de uma resolução rápida.

A ITÁLIA ENTRA EM CENA

Em outra frente, o ingresso da Itália na Grande Guerra foi marcado por uma reviravolta estratégica e diplomática. Inicialmente, o país fazia parte da Tríplice Aliança com Alemanha e Áustria-Hungria, mas, quando o conflito começou em 1914, o país preferiu adotar uma postura de neutralidade, motivada, principalmente, pela insatisfação com o Império Austro-Húngaro, que havia negado compensações territoriais que os italianos esperavam em troca de seu apoio. Em 1915, a Itália firmou o Tratado de Londres com os Aliados (Reino Unido, França e Rússia), os quais lhe prometeram territórios no norte da Itália e na região dos Bálcãs, incluindo Trentino, Tirol do Sul e Dalmácia. A busca por essas concessões territoriais, alinhada ao desejo nacionalista de "completar a Unificação Italiana" (o chamado *Risorgimento*), levou o país a declarar guerra à Áustria-Hungria em maio de 1915, unindo-se aos Aliados, refletindo os interesses pragmáticos da política externa italiana. Tais ambições geopolíticas, contudo, enfrentaram os desafios geográficos e estratégicos de um teatro de operações particularmente difícil e inóspito.

A frente italiana estendia-se ao longo dos Alpes orientais e do rio Isonzo, na fronteira entre a Itália e o Império Austro-Húngaro. Essa região era caracterizada por terrenos montanhosos de elevadas altitudes e difícil acesso, que favoreciam a defensiva. Apesar dessas dificuldades, o general Luigi Cadorna, comandante das forças italianas, adotou uma estratégia ofensiva bastante agressiva, baseada em ataques sistemáticos contra posições austro-húngaras solidamente entrincheiradas. Entre 1915 e 1917, tal abordagem resultou nas chamadas Batalhas do Isonzo, uma série de 12 confrontos travados tendo como campo de luta o extenso vale desse rio.

Em 1915, ocorreram quatro dessas batalhas, com o objetivo principal de romper as defesas austro-húngaras e capturar a cidade de Gorizia, uma posição estratégica no caminho para Trieste. As ofensivas italianas, entretanto, enfrentaram inúmeros obstáculos. O terreno montanhoso tornava a movimentação de tropas e da artilharia extremamente difícil, enquanto os defensores austro-húngaros, sob o comando do arquiduque Friedrich e do general Svetozar Boroević, estavam bem posicionados em terreno elevado, que oferecia excelente visibilidade e campos de tiro.

A tática italiana, que dependia de bombardeios preliminares massivos seguidos de ataques frontais, provou-se insuficiente diante das trincheiras e das fortificações inimigas. Embora as forças italianas conseguissem avanços pontuais, os ganhos territoriais foram mínimos e custaram enormes perdas humanas. As condições nas montanhas, exacerbadas pelo frio intenso e pela falta de suprimentos, adicionaram um nível extra de sofrimento para os soldados de ambos os lados. O custo humano das Batalhas do Isonzo foi imenso. Apenas nas ofensivas de 1915, as baixas italianas ultrapassaram 250 mil homens, enquanto os austro-húngaros sofreram cerca de 100 mil perdas. Esses números evidenciam o caráter desgastante da guerra na frente italiana e o fracasso da estratégia de Cadorna em alcançar uma vitória decisiva. É interessante assinalar que, decorridos mais de cem anos do conflito, em pleno século XXI, corpos de soldados que morreram nessa região continuam sendo recuperados, em razão do derretimento de geleiras das montanhas devido ao aquecimento global.

Apesar das elevadas perdas, a Itália continuou empenhada em sua política ofensiva, acreditando que sua posição nas futuras negociações de paz dependeria de conquistas territoriais tangíveis. A persistência italiana, embora considerada heroica em alguns aspectos, revelou as limitações de estratégias tradicionais em um conflito que exigia inovações tanto táticas quanto logísticas. Ao final de 1915, a frente italiana permanecia estagnada, com nenhuma das partes capaz de alcançar uma vantagem decisiva.

A série de batalhas seria retomada nos anos seguintes, culminando na décima segunda Batalha do Isonzo, também conhecida como Batalha do Caporetto, em 1917. Contudo, já em 1915, as lições da frente italiana tornaram-se evidentes: o enorme sacrifício humano era acompanhado por um impasse estratégico, refletindo a natureza desgastante do conflito como um todo.

A GUERRA NOS BÁLCÃS

A formação de uma coalizão das Potências Centrais nos Bálcãs consolidou o domínio austro-germânico na região e garantiu a participação crucial do Império Otomano e da recém-coligada Bulgária. Esse bloco permitiu a abertura de uma linha de comunicação terrestre vital entre a Alemanha e o Oriente, facilitando o transporte de tropas, de suprimentos e a coordenação estratégica.

O movimento começou com a entrada do Império Otomano no conflito, em 1914, como aliado da Alemanha, contribuindo com o controle de importantes pontos estratégicos, como os estreitos de Bósforo e Dardanelos.

A Bulgária ingressou no conflito em outubro de 1915, motivada por interesses territoriais e pelo desejo de recuperar áreas perdidas na Segunda Guerra Balcânica (1913), como a Macedônia, além de ampliar sua influência regional. As Potências Centrais, em troca da aliança, prometeram-lhe esses territórios, atraindo o país para o conflito. A adesão da Bulgária em outubro de 1915, após o Tratado de Sofia, foi decisiva, fortalecendo a posição das Potências Centrais nos Bálcãs. Mobilizada e em coordenação com as forças austro-húngaras e alemãs, a Bulgária atacou a Sérvia, desempenhando papel relevante na derrota sérvia – forçando suas tropas a recuarem até Corfu – e estabelecendo uma rota terrestre estratégica para os seus coligados.

Essa aliança permitiu às Potências Centrais o controle de grandes áreas da península balcânica, isolou a Grécia e comprometeu a capacidade da Entente de projetar força na região. No entanto, essa coalizão também carregava desafios de coordenação, especialmente devido a diferenças culturais, políticas e de interesses nacionais entre seus membros, que se tornariam evidentes no desenrolar do conflito.

Por exemplo, a decisão de entrar na guerra trouxe à Bulgária ganhos territoriais imediatos, mas também desafios. O país enfrentou um desgaste econômico em virtude da ocupação de territórios, pois passou a ter que encarar a resistência dos habitantes locais. Dependente de apoio alemão e austro-húngaro, a aliança com as Potências Centrais acabou arrastando a Bulgária para um conflito prolongado. Apesar do sucesso inicial de suas forças, a guerra teria um custo alto para o país. A população passou a enfrentar escassez de alimentos, alta inflação e graves perdas humanas, o que gerou crescente descontentamento popular e crise política. Em setembro de 1918, após uma ofensiva bem-sucedida dos Aliados na Frente da Macedônia, o Exército Búlgaro entrou em colapso, e um motim de soldados em Radomir levou à proclamação de uma república efêmera. Diante do caos interno e da derrota iminente, a Bulgária foi o primeiro país das Potências Centrais a assinar um armistício, em 29 de setembro de 1918.

A CAMPANHA DE GALLIPOLI

Enquanto a guerra se desenvolvia na Europa, foi planejada uma operação em busca de uma vitória decisiva no Oriente, proposta por Winston Churchill, então primeiro lorde do Almirantado. Concebida como uma estratégia para romper o impasse na Frente Ocidental e atender a objetivos políticos e estratégicos mais amplos, a Campanha de Gallipoli foi planejada pelo Reino Unido, com o apoio da França. Com ela, os Aliados buscavam enfraquecer o Império Otomano e conquistar Constantinopla, o que abriria uma rota marítima segura pelo Dardanelos para abastecerem a Rússia com armas e suprimentos.

A Campanha teve início no princípio de 1915, e foi uma das operações mais ousadas e malsucedidas da Grande Guerra. A operação foi liderada, principalmente, por forças britânicas e francesas, com significativa participação das tropas australianas e neozelandesas, conhecidas como Corpo Anzac (Australian and New Zealand Army Corps). No entanto, desde seu início, a campanha foi marcada pelo planejamento inadequado e pela subestimação das defesas otomanas.

A primeira fase envolveu bombardeios navais em fevereiro e março de 1915, que não foram capazes de neutralizar as fortificações otomanas nos estreitos e alertaram os defensores sobre a intenção do ataque na região. Com o insucesso inicial, os Aliados decidiram por uma invasão anfíbia em abril, desembarcando em praias fortemente defendidas. Entre os ataques, estão os realizados em Anzac Cove e no cabo Helles. Contudo, as forças otomanas, lideradas pelo comandante Mustafa Kemal, mostraram capacidade militar, utilizando uma combinação de terreno montanhoso, artilharia e trincheiras bem posicionadas para manter a pressão e repelir os invasores.

As condições em Gallipoli eram terríveis tanto para os Aliados quanto para os otomanos. O calor intenso, a falta de suprimentos adequados e as doenças produziram inúmeras vítimas. As tentativas de avanço dos Aliados foram frustradas por contra-ataques ferozes e logística deficiente.

Em dezembro de 1915, reconhecendo a inviabilidade da operação, as forças da Entente viram-se obrigadas a iniciar uma evacuação completa, encerrando a campanha sem alcançar nenhum de seus objetivos estratégicos e sofrendo centenas de milhares de baixas.

Tropas britânicas escoltam prisioneiros otomanos no cabo Helles, durante a Campanha de Gallipoli, em 1915.
(Fotógrafo não identificado. National Army Museum, Londres)

Gallipoli teria um impacto significativo na guerra e para além dela. Enquanto para os Aliados representou uma derrota humilhante, expondo falhas de liderança e planejamento, para os otomanos foi uma vitória moral importante, prolongando sua participação no conflito.

Além disso, a Campanha reverberou na identidade nacional da Austrália e da Nova Zelândia, cujas tropas passaram a ser lembradas pelo "sacrifício e coragem" que demonstraram no Dia Anzac (*Anzac Day*) – 25 de abril –, data do desembarque em Gallipoli, ainda celebrada nos dois países, fortalecendo suas tradições militares e o modo positivo como seus habitantes se enxergam. Após a Campanha, consolidou-se uma identidade comum baseada na bravura, no espírito de camaradagem e na ideia de "resistência diante da adversidade", valores que passaram a simbolizar o caráter nacional tanto dos australianos quanto dos neozelandeses. Essa memória compartilhada ajudou a diferenciar suas identidades em relação ao Império Britânico, marcando o início de uma consciência nacional mais autônoma e orgulhosa.

Gallipoli também marcaria a ascensão de Mustafa Kemal como herói nacional entre os turcos, pavimentando o caminho para sua liderança na fundação da Turquia moderna no pós-guerra.

BLOQUEIO SUBMARINO

Enquanto nas diversas frentes de combate os soldados se enfrentavam em um custoso conflito marcado pelas trincheiras e por baixas sem precedentes, a Grande Guerra também se desenvolveu nos oceanos e mares.

No princípio do conflito, a Alemanha procurou enfraquecer o esforço de guerra dos Aliados e de suas colônias por meio de bloqueios navais. Em 1915, a Marinha Imperial alemã intensificou a guerra submarina com o uso de U-Boots (*Unterseeboot*, traduzido literalmente do alemão como barcos submersíveis), visando atacar não apenas navios de combate, mas também embarcações mercantes, com o propósito de estrangular as rotas marítimas comerciais e, em última instância, a economia aliada. A guerra submarina irrestrita foi uma estratégia desesperada, mas altamente eficaz, que minou por um bom tempo a capacidade de abastecimento da Entente. O impacto, tanto material quanto psicológico, foi profundo.

Submarinos alemães atracados no canal de Kiel, em 1914.
A Arma Submarina alemã desenvolveu-se ao longo da Grande Guerra, representando importante papel no conflito, inclusive resultando na entrada dos EUA e do Brasil na guerra.
(Fotógrafo não identificado. Library of Congress, EUA)

A resposta dos Aliados foi o desenvolvimento de escoltas e estratégias de táticas de luta antissubmarino.

Um dos eventos mais marcantes dessa fase foi o afundamento do navio mercante britânico RMS Lusitania, em maio de 1915, pelo submarino U-20 alemão. O ataque matou mais de 1.100 pessoas, incluindo 128 cidadãos dos EUA, o que gerou forte reação internacional, sobretudo naquele país, então neutro. O episódio alimentou o sentimento antialemão e contribuiu para uma pressão doméstica crescente sobre o governo dos EUA para ingressar na guerra ao lado da Entente. Embora a Alemanha tivesse alegado que o navio transportava armas e munições – o que era fato –, o ataque ao Lusitania teve importante repercussão diplomática, exacerbando as tensões entre a Alemanha e os países neutros.

A GUERRA ALCANÇA A ÁFRICA E O ORIENTE MÉDIO

Consoante com o imperialismo desenvolvido pelas potências europeias, o papel das colônias durante o conflito foi crucial, ao mobilizarem expressiva quantidade de tropas para apoiar o esforço de guerra de várias maneiras, ampliando o alcance do conflito além da Europa. Com a guerra espalhando-se por vários continentes, as colônias converteram-se em campos de batalha, fontes de recursos e de recrutamento de soldados.

Na África, os exércitos coloniais britânicos, franceses e belgas enfrentaram forças coloniais alemãs em diversos teatros de operação. O Império Alemão possuía colônias no continente, incluindo Togo, Camarões, Namíbia e os atuais Tanzânia, Ruanda e Burundi. Em todos esses territórios, forças locais, estruturadas com soldados nativos sob o comando de oficiais alemães, resistiram de modo tenaz, mas foram finalmente derrotadas.

A guerra nas colônias africanas teve grande importância estratégica para os Aliados, pois impediu que as Potências Centrais utilizassem essas regiões como ponto de apoio para invadir as possessões de outros impérios, além de garantir que os recursos naturais da África continuassem a ser explorados para apoiar o esforço de guerra aliado.

Soldados *askaris* africanos a serviço do Exército Alemão
manejando um canhão durante a Campanha da África Ocidental.
(Fotógrafo não identificado. Bundeswehr Military History Museum, Dresden)

No Oriente Médio, o Império Otomano, aliado das Potências Centrais, entrou em guerra contra os países da Entente. As forças britânicas, francesas e russas engajaram-se em batalhas nos territórios otomanos, particularmente no Egito, na Palestina, na Mesopotâmia e na Arábia. A campanha mais notável foi a da Mesopotâmia, onde tropas britânicas, após uma série de vitórias, conquistaram Bagdá em 1917, marcando um ponto de inflexão na luta pelo controle da região. Além disso, o conflito no Oriente Médio também foi caracterizado pela Revolta Árabe de 1916-1918, que foi apoiada pelos britânicos na tentativa de enfraquecer o Império Otomano, promovendo a independência árabe em troca de apoio militar.

A ocupação de Bagdá pelas forças britânicas em 1917 foi um dos eventos-chave no Oriente Médio durante o conflito. O controle da Mesopotâmia não apenas ofereceu ao Reino Unido uma base estratégica na região, mas também lhe garantiu o acesso aos campos de petróleo que, mais tarde, nas décadas seguintes, desempenhariam papel essencial nas políticas de segurança e economia britânicas. A campanha da Mesopotâmia teve início com um avanço modesto, mas acabou prolongada por uma série de batalhas e campanhas que consumiram grandes recursos e vidas humanas. A queda de Bagdá simbolizou a primeira vitória significativa dos Aliados no Oriente Médio e estabeleceu as bases para a posterior partilha do Império Otomano com o fim da guerra.

Na campanha da Mesopotâmia, destaca-se o papel fundamental do oficial britânico Thomas Edward Lawrence, mais conhecido como T. E. Lawrence, ou "Lawrence da Arábia", que liderou e coordenou ações de guerra irregular das tribos árabes contra o Império Otomano, contribuindo para desestabilizar suas linhas de comunicação e fortalecer o esforço britânico na região durante a Grande Guerra.

LAWRENCE DA ARÁBIA: UM INTELECTUAL NO DESERTO

Thomas Edward Lawrence (1888-1935) era arqueólogo e oficial britânico quando a Grande Guerra o levou ao Oriente Médio. Fluente em árabe e conhecedor da cultura local, foi enviado ao Cairo pelo serviço de inteligência britânico. Sua missão era entender e influenciar os movimentos nacionalistas árabes contra o domínio otomano, em nome dos interesses britânicos.

Durante a guerra, Lawrence atuou como elo entre o comando britânico e os líderes tribais árabes, especialmente o emir Faiçal. Participou ativamente da Revolta Árabe (1916-1918), organizando sabotagens, emboscadas e ataques à ferrovia de Hejaz, fundamental para a logística otomana. Seu papel foi tanto militar quanto simbólico, encorajando os árabes a lutar com a promessa de independência no pós-guerra, promessa que, em grande parte, seria frustrada pelos acordos imperialistas entre potências europeias.

Lawrence tornou-se uma figura lendária, celebrada no livro de sua autoria, *Os sete pilares da sabedoria*, e eternizada no cinema. Sua trajetória revela as ambiguidades do imperialismo na guerra: um agente de um império que incentivava o nacionalismo árabe, um idealista que operava dentro de uma lógica pragmática e, muitas vezes, cínica da política externa britânica.

O conflito global de 1914-1918 teve também um grande impacto na dinâmica de poder colonial, e a participação das colônias gerou múltiplas consequências. Em muitos casos, houve empobrecimento e esgotamento de recursos locais, já que colônias africanas e asiáticas foram amplamente exploradas para fornecer matérias-primas e soldados. Em contrapartida, parte da população local teve acesso a treinamento militar, o que mais tarde alimentaria movimentos nacionalistas e de independência. Em algumas regiões, setores ligados ao fornecimento de suprimentos ou transporte obtiveram ganhos econômicos pontuais, mas, no geral, o saldo foi de sacrifício desproporcional, sem recompensas políticas significativas, o que aumentaria o ressentimento contra os impérios coloniais após o fim da guerra.

ECONOMIA, MOBILIZAÇÃO E MULHERES

A mobilização econômica para sustentar o esforço de guerra foi um dos maiores desafios das potências beligerantes. As fábricas tiveram que ser adaptadas para produzir não apenas bens de consumo, mas também materiais militares, como armas, munições e uniformes. Além disso, o financiamento da guerra gerou uma série de mudanças econômicas: as potências beligerantes tomaram empréstimos de longo prazo e imprimiram dinheiro para financiar o conflito, o que gerou inflação em algumas regiões. Nos EUA, particularmente, a guerra também acelerou a industrialização e teve efeitos relevantes no desenvolvimento do setor bélico, colocando o país em uma posição econômica forte no pós-guerra.

Durante o conflito, a mobilização em massa de homens para os campos de batalha gerou uma profunda transformação nas estruturas sociais e econômicas dos países envolvidos. Com a ausência masculina em larga escala, milhões de mulheres foram convocadas, de forma oficial ou espontânea, a assumir responsabilidades até então consideradas exclusivas dos homens, especialmente no mercado de trabalho e nos serviços públicos.

A presença feminina tornou-se vital para a manutenção do esforço de guerra. Nos países da Tríplice Entente e nas Potências Centrais, as mulheres passaram a atuar diretamente nas fábricas de armamentos, munições, uniformes e suprimentos. No Reino Unido, por exemplo, cerca de um milhão de mulheres foram empregadas diretamente na produção bélica, em funções como o manuseio de explosivos, montagem de projéteis e operação de maquinário pesado. Muitas sofriam com as consequências físicas da exposição a produtos químicos tóxicos, como o TNT, que amarelava a pele e prejudicava a saúde. Ainda assim, perseveravam em sua contribuição para o esforço de guerra. Ficaram conhecidas como as *munitionettes*.

Além da indústria, mulheres também ocuparam vagas na agricultura (garantindo o abastecimento de alimentos), nos transportes públicos, nos correios, em escritórios e até mesmo em funções logísticas no *front*, como motoristas de ambulâncias, enfermeiras e operadoras de telégrafo. Organizações, como a Cruz Vermelha e o Voluntary Aid Detachment (VAD), recrutaram dezenas de milhares de mulheres para atuar junto às tropas feridas em hospitais de campanha e zonas próximas aos combates.

Esse novo protagonismo feminino teve impactos sociais marcantes. A experiência de trabalho e a responsabilidade fora do ambiente doméstico, passando do espaço privado para o público, ampliaram a consciência das mulheres sobre seus direitos e capacidades, contribuindo para mudanças na percepção social de gênero. A guerra acelerou a luta sufragista feminina, especialmente nos países anglófonos. Em 1918, o Reino Unido concedeu o direito ao voto às mulheres com mais de 30 anos. Em 1920, os EUA aprovaram a 19ª Emenda, garantindo o sufrágio feminino. Embora tais avanços não tenham sido imediatos ou universais, foram passos decisivos no caminho da emancipação feminina.

Contudo, é importante ressaltar que, após o fim da guerra, em muitos países as mulheres foram incentivadas – e, por vezes, pressionadas – a retornar ao lar, cedendo novamente seus postos de trabalho aos homens desmobilizados. No entanto, o impacto simbólico e prático de sua atuação na guerra não pôde ser apagado. A Grande Guerra marcou um ponto de inflexão no papel da mulher na sociedade contemporânea, demonstrando que sua contribuição era indispensável não apenas em tempos de paz, mas também nos momentos mais críticos da história.

No contexto da Revolução Industrial, a produção de munições foi incrementada durante a Grande Guerra, incluindo fortemente o emprego da mão de obra feminina. As mulheres denominadas *munitionettes*, francesas e britânicas, produziram centenas de milhares de granadas explosivas nas fábricas, contribuindo decisivamente com o poder de combate aliado. (Fotógrafo não identificado. US National Archives)

A propaganda desempenhou um papel central na manutenção da moral e do apoio à guerra, tanto nos países da Entente quanto nas Potências Centrais. Governos de todo o mundo usaram a mídia, cartazes, filmes e outros meios de comunicação para mobilizar a população, manter o espírito de luta e incentivar o recrutamento. Em muitos países, especialmente no Reino Unido e nos EUA, a propaganda destacava os valores patrióticos, a defesa da liberdade e a luta contra a tirania. Cartazes que mostravam a figura do "soldado ideal" ou apelavam para o dever patriótico eram comuns, e *slogans* como "Lute pela sua pátria" ou "Junte-se ao exército" eram veiculados com grande frequência.

Cartaz de recrutamento mostrando *Sir* Horatio Kitchener, secretário da Guerra britânico, convocando os cidadãos do país a se alistarem para o conflito.
(Autoria anônima. Imperial War Museum, Londres)

Em contrapartida, a propaganda também se concentrou em desqualificar e demonizar o inimigo. A Alemanha, por exemplo, foi retratada em muitos pôsteres e folhetos como a "besta" que ameaçava a civilização, o que ajudou a justificar a guerra contra ela aos olhos do público. Da mesma forma, as Potências Centrais, principalmente a Alemanha, utilizaram propaganda para incitar o patriotismo e justificar suas ações no campo de batalha. Além disso, as ações de propaganda desempenharam papel importante na mobilização de recursos, como alimentos e fundos para a compra de equipamentos militares, incentivando os civis a economizar, racionar e apoiar financeiramente o esforço de guerra.

A guerra de atrito e a tecnologia da morte

O ano de 1915 representou um marco crucial no curso da guerra, ao ampliar o conflito para novas frentes e consolidar a percepção de que ela seria longa e devastadora. A partir de campanhas e batalhas travadas nesse período, tanto os Aliados quanto as Potências Centrais aprenderam lições valiosas, que moldariam as estratégias subsequentes e incentivariam o desenvolvimento de novos armamentos e táticas de combate. Contudo, os esforços de ambos os lados para romper o impasse apenas intensificaram o prolongamento do conflito, exigindo um envolvimento ainda mais profundo das nações beligerantes, tanto no campo de batalha quanto na mobilização de recursos econômicos e humanos. Este cenário de crescente desgaste e adaptação estratégica preparou o terreno para os anos de 1916 e 1917, marcados pela brutalidade da guerra de atrito.

SURGE A GUERRA TOTAL

A Grande Guerra marcou a ascensão de uma nova forma de conflito, conhecida como guerra total. O conceito desta modalidade de enfrentamento bélico foi articulado e desenvolvido por vários teóricos ao longo do tempo, mas é frequentemente associado ao general prussiano Carl von Clausewitz (1780-1831), que em sua obra *Da guerra* (*Vom Kriege*), publicada postumamente em 1832, abordou a ideia de que a guerra, em sua forma absoluta, mobilizava todos os recursos de uma nação. Ele não chegou a utilizar a expressão "guerra total", mas sua descrição da guerra como a continuação da política por outros meios e a visão sobre seu caráter absoluto inspiraram discussões posteriores sobre o tema.

De fato, na Grande Guerra, o conflito transcendeu as fronteiras do campo de batalha, envolvendo nações inteiras em um esforço coletivo de mobilização. Pela primeira vez na história moderna, a guerra não era apenas uma disputa entre exércitos regulares no campo de batalha, mas também um empreendimento que demandava o envolvimento direto de populações civis, indústrias, economias e até mesmo sistemas políticos.

A artilharia de campanha infligiu de 60% a 75% das baixas contra o inimigo durante a Grande Guerra.
(Fotógrafo não identificado. Imperial War Museum, Londres)

A guerra total caracteriza-se pela integração absoluta de todos os recursos disponíveis de um país em prol do esforço bélico. Durante o conflito, as potências beligerantes buscaram não apenas vencer militarmente, mas também desmantelar as bases econômicas e sociais de seus adversários. Isso incluiu bombardeios a alvos civis, bloqueios econômicos devastadores e uso de propaganda como arma de guerra psicológica.

A guerra de atrito, por sua vez, tornou-se predominante como consequência direta da guerra total, consistindo em desgastar o inimigo até que este esgotasse seus recursos humanos e materiais, não sendo mais capaz de seguir lutando. Durante o conflito, a guerra de atrito conduziu à implementação de estratégias que priorizavam o desgaste do inimigo, muitas vezes à custa de enormes perdas humanas.

Durante a Batalha de Verdun, travada entre os exércitos francês e alemão no nordeste da França, entre fevereiro e dezembro de 1916, o alto-comando alemão, liderado por Erich von Falkenhayn, pretendia atacar uma posição simbólica e obrigar os franceses a defenderem-na a qualquer custo. A batalha tornou-se um ícone da guerra de atrito, com mais de 700 mil baixas, entre mortos, feridos e desaparecidos, aproximadamente 360 mil franceses e 340 mil alemães. Embora a linha de frente pouco tivesse se alterado, Verdun marcou profundamente o imaginário francês e simbolizou o custo humano extremo da guerra moderna.

Outro exemplo do desperdício de vidas foi a Ofensiva do Somme. Desencadeada entre julho e novembro de 1916, envolveu, principalmente, forças britânicas e francesas contra os alemães. Foi planejada como uma grande ofensiva aliada para aliviar a pressão sobre Verdun e romper as linhas alemãs. Apenas no primeiro dia, o Exército Britânico sofreu cerca de 60 mil baixas, sendo mais de 19 mil mortos, naquele que foi considerado o dia mais sangrento da história militar britânica. Ao fim dos combates, as perdas totais chegaram a mais de um milhão de homens, sem que houvesse um avanço estratégico decisivo. A batalha se tornaria um outro símbolo poderoso do horror da guerra de trincheiras e do alto custo das ofensivas de desgaste.

Na frente doméstica, a sociedade foi mobilizada para sustentar a máquina de guerra, seja através do trabalho nas fábricas de armamentos, seja pelo apoio logístico às tropas. A população civil ainda resistiu aos ataques e bombardeios de várias formas. Em cidades como Londres e

Paris, durante os bombardeios aéreos e ataques com artilharia de longo alcance, civis passaram a utilizar abrigos subterrâneos, como estações de metrô e porões reforçados. Também houve campanhas de proteção civil que orientavam sobre blecautes noturnos e organização de socorro. Apesar do medo e das perdas, muitos mantiveram a rotina o máximo possível, participando também de atividades de apoio às tropas e reforçando o moral da nação, uma forma de resistência psicológica frente ao terror provocado pela guerra total.

A guerra de atrito ampliou a duração do conflito, tornando-o ainda mais dependente das características da guerra total. As batalhas ficaram mais longas, caracterizadas por impasses custosos, enquanto as indústrias e populações civis trabalhavam incessantemente para alimentar a máquina de guerra. A estratégia de atrito intensificou os efeitos da guerra total sobre a sociedade, e exigiu grandes contingentes de soldados e volumes crescentes de armamentos, o que levou os Estados a mobilizarem seus recursos quase exclusivamente para o esforço de guerra. Isso provocou escassez de produtos de consumo, como alimentos, roupas e combustíveis, e uma acentuada carestia, que atingiu duramente as populações civis. Com menos oferta e preços em alta, o cotidiano das famílias foi marcado por filas, racionamentos e dificuldades para atender às necessidades básicas, aprofundando o sofrimento causado pelo conflito. Tais fatores, por sua vez, aumentaram as tensões sociais e políticas nos países envolvidos, contribuindo para a ocorrência de greves e até revoltas internas.

A guerra de atrito, alicerçada pelos avanços decorrentes da industrialização, também acelerou a introdução de novas tecnologias, como carros de combate, aviões e armas químicas, em uma tentativa de romper o impasse e o imobilismo das trincheiras.

O MORTICÍNIO NO SOMME E EM VERDUN

No centro da guerra de atrito que definiu os anos de 1916 e 1917, as Batalhas de Verdun e do Somme emergem como símbolos da brutalidade da Grande Guerra. Ambas as campanhas refletiram a estratégia de desgaste adotada pelas potências beligerantes, em que o objetivo principal não era só obter ganhos territoriais ou estratégicos, mas também exaurir os recursos humanos e materiais do inimigo. Com milhões de soldados mobilizados, muitos dos quais não previam nem esperavam o grau de violência que enfrentariam, essas batalhas revelaram o custo humano e psicológico de uma guerra travada nas trincheiras. Sob bombardeios incessantes de artilharia, fogo contínuo de metralhadoras e com ganhos territoriais mínimos, os combatentes foram surpreendidos pela brutalidade de um conflito que sacrificava vidas em escala inédita.

A Batalha de Verdun foi concebida pelo alto-comando alemão como uma tentativa de "sangrar a França até a morte". Verdun, uma cidade-fortificada carregada de simbolismo para os franceses, foi escolhida pelos alemães por sua importância histórica e estratégica, acreditando que os franceses empenhariam todos os seus recursos para defendê-la.

O ataque começou com um intenso bombardeio de artilharia, seguido por um avanço alemão nas linhas francesas. Sob a liderança do general Philippe Pétain, o Exército Francês ofereceu uma defesa obstinada, reforçada pela *Voie Sacrée* (Via Sagrada), uma estrada crucial que manteve o fluxo constante de suprimentos e de tropas para a linha de frente. O lema "Eles não passarão" (*Ils ne passeront pas*) tornou-se a marca da resistência e da determinação francesas.

Ao fim de 300 dias (de 21 de fevereiro a 18 de dezembro de 1916), a batalha resultou em um impasse, com os alemães incapazes de alcançar uma vitória decisiva. Verdun foi devastada, as baixas registradas nas tropas de ambos os lados evidenciaram a carnificina da guerra de atrito e o desperdício de vidas humanas.

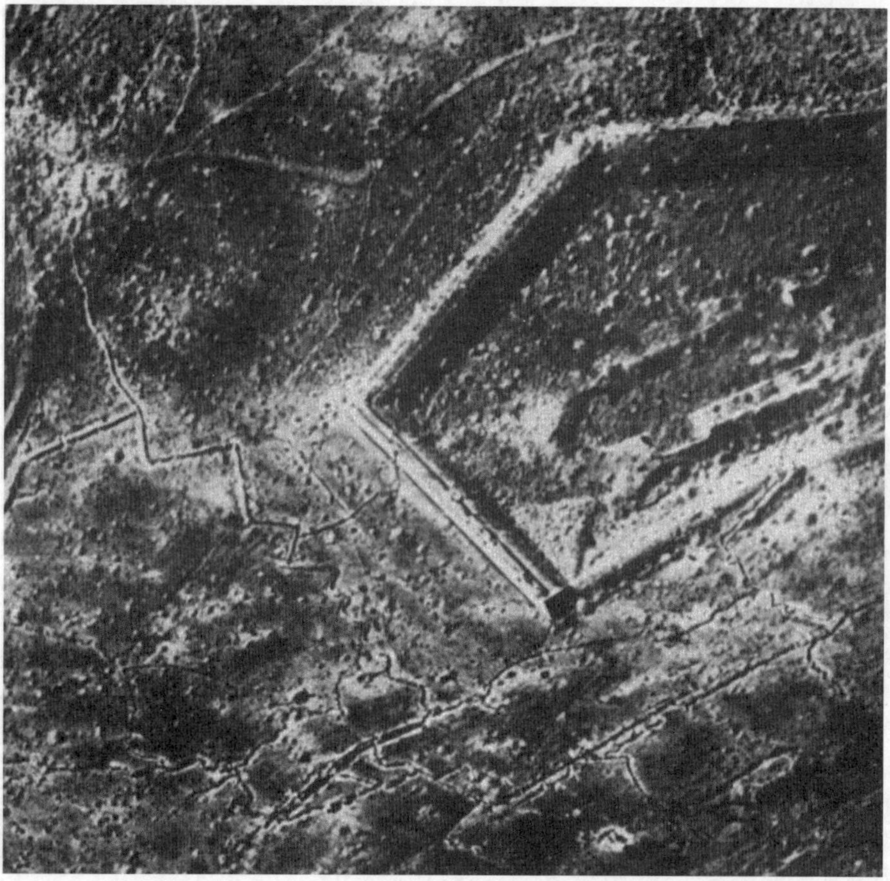

Fotografia aérea do Forte Douamount, uma das principais defesas de Verdun, devastado pela artilharia alemã.
(Fotógrafo não identificado. Photographisches Bild-und Film-Amt)

Enquanto Verdun ainda padecia os confrontos na Frente Ocidental, o comando Aliado lançou uma ofensiva na região do rio Somme, na Picardia, norte da França, em julho de 1916. Planejada principalmente pelos britânicos, sob a liderança do general *Sir* Douglas Haig, a ofensiva foi precedida por uma semana de bombardeios massivos de artilharia que, acreditava-se, destruiriam completamente as defesas alemãs. No entanto, a realidade no campo de batalha não correspondeu às expectativas. Quando a infantaria avançou, no dia 1º de julho de 1916, encontrou o arame farpado intacto e as metralhadoras alemãs perfeitamente posicionadas.

O EXÉRCITO DE KITCHENER E A MOBILIZAÇÃO NO REINO UNIDO

No início da Primeira Guerra Mundial, o Reino Unido mantinha sua tradição de um exército profissional relativamente pequeno. No entanto, diante da escala do conflito, o secretário de Estado da Guerra, lorde Kitchener, previu uma longa guerra e lançou um ambicioso programa de recrutamento voluntário para expandir as forças britânicas. O chamado Exército de Kitchener formou-se a partir de 1914 e, em poucos meses, centenas de milhares de homens se alistaram.

Entre agosto de 1914 e dezembro de 1915, cerca de 2,5 milhões de voluntários ingressaram no Exército. Para incentivar o alistamento, foram criados os "batalhões de companheiros" (*Pals Battalions*), nos quais amigos, colegas de trabalho e moradores da mesma cidade serviam juntos. Isso geraria um impacto social profundo quando comunidades inteiras acabavam dizimadas em batalhas como a do Somme, em 1916, em que o Reino Unido perdeu quase 60 mil soldados em um único dia.

O alto número de baixas e o esgotamento dos voluntários levaram à adoção do alistamento obrigatório em 1916. O Exército de Kitchener foi essencial para sustentar o esforço de guerra britânico, mas seu modelo de recrutamento teve consequências devastadoras para cidades e famílias, deixando cicatrizes profundas na sociedade britânica após o conflito.

A batalha continuou por cerca de quatro meses, registrando emprego de carros de combate pela primeira vez na história e compreendendo sucessivos ataques que ganharam escasso território. Ao final, os Aliados avançaram apenas 10 km, ao custo de mais de um milhão de baixas, distribuídas entre britânicos, franceses e alemães.

Ofensiva do Somme

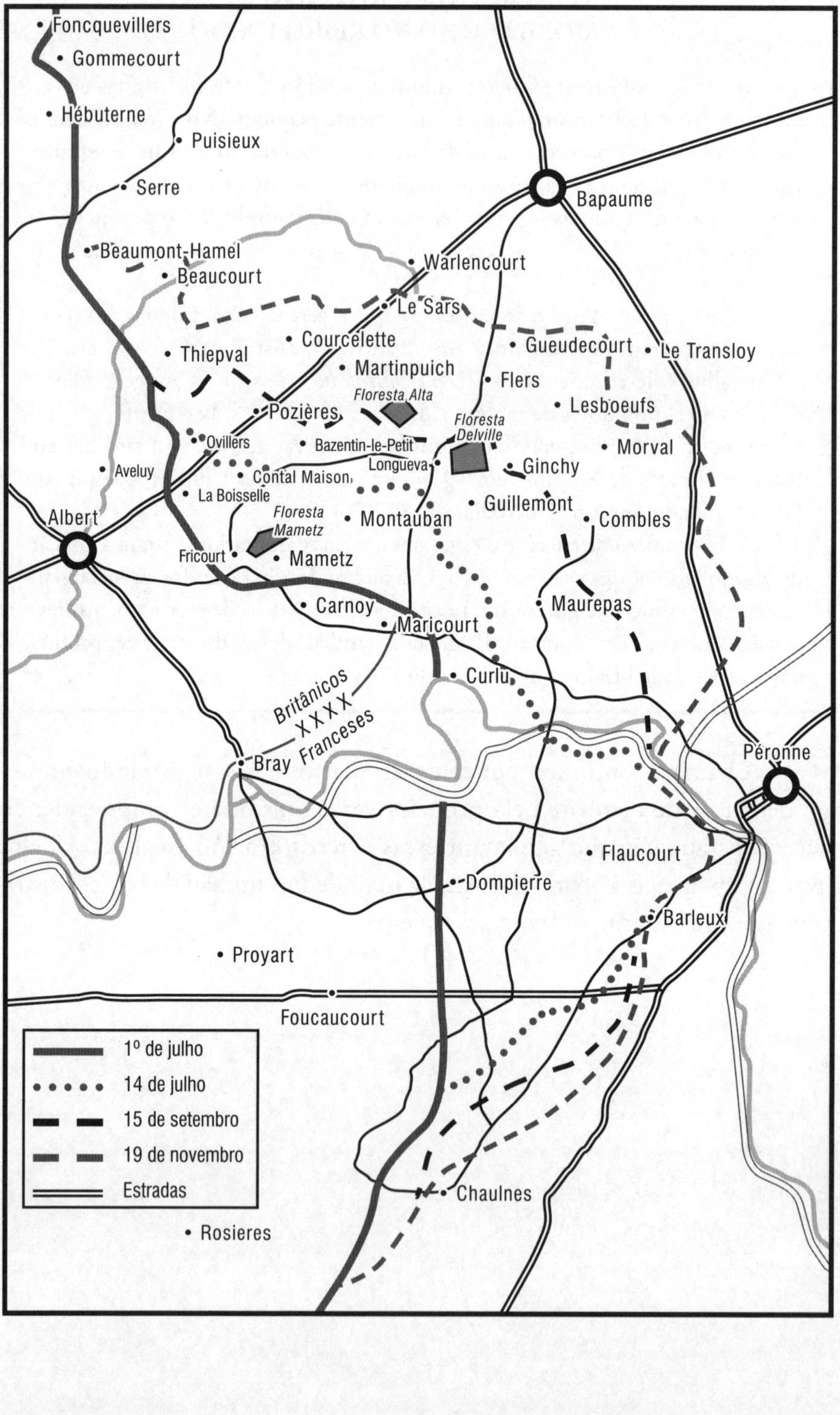

Tanto em Verdun quanto no Somme, o desgaste físico e psicológico foi imenso. Soldados enfrentaram condições terríveis nas trincheiras, incluindo lama constante, fome, doenças, o fogo das metralhadoras e o trauma do bombardeio incessante da artilharia. Muitos sobreviventes retornariam do conflito marcados para sempre, tanto física como emocionalmente.

Embora ambas as batalhas tivessem resultado em ganhos territoriais mínimos, provocaram o esgotamento progressivo dos exércitos envolvidos. Para os franceses, Verdun tornou-se um símbolo de resiliência nacional, enquanto Somme teve um impacto profundo na sociedade britânica, mudando a percepção pública sobre a guerra e conduzindo a um debate generalizado que questionou a validade das estratégias adotadas por seus líderes militares.

A OFENSIVA BRUSILOV

Enquanto a Frente Ocidental permanecia atolada no impasse da guerra de atrito, o Leste Europeu testemunhou movimentos mais dinâmicos e devastadores, especialmente com a execução da Ofensiva Brusilov, em 1916. Planejada pelo general russo Aleksei Brusilov, essa operação marcou um raro momento de sucesso para os exércitos do Império Russo durante a guerra, demonstrando a eficácia de inovações táticas, ainda que em meio às limitações estruturais que afetavam o exército czarista.

Lançada em junho de 1916, a ofensiva tinha como objetivo aliviar a pressão sobre os Aliados na Frente Ocidental e retomar a iniciativa no teatro oriental. Diferentemente das ofensivas russas anteriores, marcadas pela falta de planejamento e pela execução falha, Brusilov introduziu uma abordagem tática inovadora. Ordenou que as tropas concentrassem seus ataques em múltiplos pontos ao longo de uma frente extensa, em vez de focar um único setor como objetivo principal. Para mascarar os locais de ataque, foi utilizado um bombardeio de artilharia breve, mas preciso, diferentemente das longas barragens que eram comuns na Frente Ocidental, as quais alertavam o inimigo sobre a posição que seria atacada. Além disso, tropas de choque especialmente treinadas foram posicionadas para explorar rapidamente quaisquer brechas abertas nas linhas inimigas. Tais inovações permitiram que o Exército Russo obtivesse vitórias significativas nos estágios iniciais da ofensiva, rompendo as defesas austro-húngaras e avançando até 80 km em alguns setores da frente.

Brusilov, contudo, precisou superar grandes desafios ao organizar a ofensiva. O Exército Russo era conhecido pelo seu anacronismo e obsolescência de meios, escassez de suprimentos e moral baixo entre as tropas, agravado pelas condições econômicas e políticas internas do país. Ainda assim, Brusilov conseguiu maximizar os recursos disponíveis, concentrando suas forças de maneira estratégica e aproveitando as vulnerabilidades do Exército Austro-Húngaro, que também sofria com problemas de coordenação, liderança e moral.

As táticas de Brusilov não apenas surpreenderam os inimigos, mas também se destacaram por sua eficácia em comparação com os ataques frontais tradicionais, que frequentemente resultavam em grandes perdas para ganhos mínimos. As conquistas territoriais e as pesadas perdas infligidas ao Império Austro-Húngaro tiveram impacto significativo, resultando em mais de 1,5 milhão de baixas, incluindo mortos, feridos e capturados, debilitando ainda mais suas já fragilizadas forças. Isso obrigou a Alemanha a desviar tropas e recursos de outras frentes para apoiar seu coligado, contribuindo para a sobrecarga da máquina de guerra alemã.

No entanto, o custo da ofensiva para o próprio Exército Russo foi igualmente elevado, com cerca de 500 mil baixas. Além disso, a incapacidade de manter o ímpeto inicial da ofensiva expôs suas fragilidades logísticas e organizacionais. À medida que o conflito se arrastava, o moral das tropas russas continuou a declinar, exacerbado pelas dificuldades econômicas na frente doméstica e pela crescente insatisfação popular com o regime czarista.

A Ofensiva Brusilov aprofundou as tensões dentro da Tríplice Aliança, particularmente entre a Alemanha e a Áustria-Hungria. Enquanto os alemães viam a necessidade de intervir no leste como uma distração indesejada de suas operações no Ocidente, os austro-húngaros deram-se conta de que enfrentariam um colapso iminente se não recebessem o apoio alemão. Essa interdependência forçada destacou as desigualdades na aliança e pressionou ainda mais as relações entre os dois coligados.

Em contrapartida, a ofensiva também mostrou aos Aliados ocidentais que a Rússia ainda era capaz de desempenhar um papel estratégico no conflito, apesar de suas dificuldades internas. Isso contribuiu para reforçar temporariamente a cooperação no âmbito do esforço de guerra aliado.

A ofensiva representou tanto o auge quanto o limite das capacidades militares do Império Russo na guerra. Embora tenha demonstrado que a inovação tática poderia romper o impasse característico da guerra de atrito, as dificuldades internas e as enormes perdas humanas e materiais acabaram minando qualquer possibilidade de um sucesso duradouro. No longo prazo, os esforços extenuantes do Exército Russo na Frente Oriental contribuiriam para o colapso do regime czarista e o surgimento de novas dinâmicas políticas que moldariam o restante da guerra.

A TECNOLOGIA DA MORTE

A Grande Guerra foi um marco na evolução das tecnologias bélicas, resultando em uma "tecnologia da morte" que transformou o campo de batalha e aumentou drasticamente o número de vítimas. As inovações tecnológicas permitiram que a guerra se tornasse mais mecanizada e impessoal, provocando uma destruição em massa sem precedentes. A guerra não só foi travada com novas armas, mas também com novas formas de matar, ferir e aterrorizar tanto os combatentes quanto os civis.

A Revolução Industrial forneceu os meios materiais e as tecnologias que possibilitaram o avanço das armas e dos métodos de combate. As potências envolvidas no conflito produziram armamentos em uma escala massiva, utilizando fábricas e uma força de trabalho mobilizada para atender à demanda de guerra. A artilharia, os aviões, os submarinos, os gases venenosos e os veículos blindados foram fartamente produzidos, alterando não apenas a dinâmica militar, mas também a própria concepção de como a guerra seria travada.

A guerra química foi uma das inovações mais características e destrutivas do conflito. Embora já houvesse experimentos com venenos químicos desde o final do século XIX, foi na Grande Guerra que o uso de gases tóxicos se intensificou. O primeiro gás a ser utilizado foi o cloro, lançado pelos alemães em 1915, nos arredores da cidade belga de Ypres, seguido por outros, como o fosgênio e o gás mostarda. Este último, por exemplo, não só causava queimaduras severas na pele, mas também afetava as vias respiratórias, levando à morte lenta e agonizante por asfixia das vítimas. O fosgênio causava danos aos pulmões e resultava em asfixia, e era ainda mais letal. Embora o gás não matasse imediatamente, sua capacidade de paralisar unidades inteiras e desmoralizar as tropas foi imensa. O uso de armas químicas reverteu-se em guerra psicológica, pois os soldados nunca sabiam quando seriam atacados por um gás venenoso, e eram constantemente aterrorizados pela possibilidade de sofrerem os efeitos dessas armas invisíveis.

O ataque a gás durante a Segunda Batalha de Ypres, na Bélgica.
(Fotógrafo não identificado. Musée Royale d'Histoire Militaire et des Forces Armées, Bruxelas)

Para se protegerem, os exércitos começaram a desenvolver máscaras de gás, mas a eficácia delas era limitada e, muitas vezes, não garantiam total proteção. O medo do ataque químico se somou ao horror da guerra de trincheiras, tornando a experiência dos soldados ainda mais difícil e traumatizante.

OS PRIMEIROS ATAQUES COM GASES VENENOSOS

A Segunda Batalha de Ypres, travada entre abril e maio de 1915, foi marcada pela primeira utilização em larga escala de armas químicas na Grande Guerra. O uso de gás venenoso pelos alemães representou uma nova e aterrorizante fase do conflito, adicionando um elemento de guerra psicológica e sofrimento humano sem precedentes.

Em 22 de abril de 1915, as forças alemãs abriram cerca de 5.700 cilindros contendo aproximadamente 168 toneladas de gás cloro ao longo de um trecho de 6 km da linha de frente aliada, na região de Ypres, Bélgica. Com a direção do vento favorável, a densa nuvem amarelada de gás avançou rapidamente em direção às trincheiras francesas e canadenses. O cloro, mais pesado que o ar, infiltrou-se nas depressões do terreno e nas trincheiras, provocando pânico generalizado.

Os efeitos do gás cloro foram devastadores. Ao entrar em contato com as mucosas de olhos, nariz, garganta e pulmões, reagia com a umidade, formando ácido clorídrico. Os soldados expostos começaram a sofrer de sufocamento, intensa irritação nos olhos e espasmos na garganta, além de severas dificuldades respiratórias. Muitos caíram mortos em poucos minutos, enquanto outros, mesmo sobrevivendo à exposição inicial, desenvolveram lesões pulmonares irreversíveis. O impacto psicológico foi igualmente significativo, pois o medo do gás passou a assombrar as tropas aliadas, que não dispunham de equipamentos de proteção adequados naquele momento.

Apesar do sucesso tático inicial, os alemães não estavam preparados para explorar a brecha aberta na linha aliada. O ataque químico foi lançado sem uma ofensiva coordenada de infantaria, permitindo que as forças aliadas reorganizassem suas defesas e impedissem um avanço significativo. Nos dias seguintes, as tropas canadenses improvisaram métodos rudimentares de proteção, cobrindo o rosto com panos umedecidos em urina para neutralizar parcialmente os efeitos do cloro.

A introdução do gás venenoso na guerra marcou uma virada nas táticas do conflito e levou ao desenvolvimento de medidas defensivas, como máscaras contra gases mais eficazes. Além disso, desencadeou uma corrida armamentista química, com os Aliados logo respondendo com o uso de seus próprios agentes químicos. A Segunda Batalha de Ypres se tornou, assim, um símbolo do horror da guerra química, que continuaria a assombrar os campos de batalha até o fim da Grande Guerra.

O primeiro conflito mundial também foi marcado pela introdução dos carros de combate, conhecidos como tanques (*tanks*). Os tanques foram desenvolvidos pelo Reino Unido, que, em resposta ao imobilismo da guerra de trincheiras, projetou e produziu veículos blindados para atravessar o terreno devastado da "terra de ninguém" e as trincheiras inimigas.

Em 1916, os britânicos utilizaram os primeiros carros de combate na Batalha do Somme. Embora inicialmente fossem lentos e suscetíveis a falhas mecânicas, os carros de combate tinham a vantagem de atravessar o campo de batalha, superando obstáculos como cercas de arame farpado e trincheiras. Seu impacto inicial foi mais psicológico do que prático, pois os soldados estavam frequentemente despreparados para enfrentar essas novas máquinas de guerra. No entanto, os tanques ainda não eram totalmente eficazes, devido à dificuldade de mobilidade e à ineficiência das primeiras versões. Mesmo assim, representaram uma mudança na forma de combater, marcando o início de uma nova era para a guerra mecanizada e para a evolução da arte da guerra.

O CARRO DE COMBATE – MONSTRO DE AÇO NAS TRINCHEIRAS

O carro de combate (*tank*) foi uma das grandes inovações tecnológicas da Grande Guerra, surgido da necessidade de romper o impasse das trincheiras. Concebido pelos britânicos como um "veículo blindado sobre lagartas" capaz de atravessar terrenos difíceis, arame farpado e resistir ao fogo inimigo, o Mark I foi o primeiro modelo usado em combate, estreando na Batalha do Somme, em setembro de 1916.

Embora inicialmente lentos, pouco confiáveis e vulneráveis a problemas mecânicos, os tanques causaram um forte impacto psicológico nas tropas inimigas. Seu avanço barulhento, envolto em fumaça e acompanhado de metralhadoras e canhões, parecia uma visão saída da ficção. Com o tempo, os modelos evoluíram em blindagem, armamento e mobilidade, e passaram a ser usados de forma mais coordenada, especialmente em 1917-1918.

A introdução dos tanques transformou a guerra moderna, anunciando o fim da era da cavalaria e o início do combate mecanizado. Apesar de seu uso ainda limitado no conflito, sua presença antecipava o papel decisivo que desempenhariam nas guerras do século XX, marcando o campo de batalha com mobilidade, proteção e poder de choque.

Na segunda década do século XX, a aviação era o que de mais moderno havia em termos de tecnologia. Apesar dos poucos anos decorridos da invenção do aeroplano, durante a Grande Guerra os aviões e os dirigíveis foram extensamente empregados em combate, logo transcendendo de uma ferramenta de observação e reconhecimento para uma parte integral da guerra.

Como ocorreu nos mares, a guerra tecnológica também se desenvolveu nos céus. No início do conflito, os aviões eram utilizados apenas para tirar fotos de posições inimigas e para relatar movimentos de tropas, em missões típicas de reconhecimento. No entanto, logo se tornaram armas, com aviões de caça sendo empregados para derrubar as aeronaves inimigas e impedir os bombardeios tentados por outras aeronaves.

As batalhas aéreas começaram a ser travadas, com pilotos tentando ganhar a superioridade no ar, eliminando os inimigos dos céus. Em paralelo, surgiram os bombardeiros, que começaram a atacar cidades e instalações industriais, marcando o início dos bombardeios estratégicos. Esses ataques visavam destruir a infraestrutura do inimigo e enfraquecer sua capacidade de combate, mas também sua vontade de lutar, causando grandes baixas entre os civis e danos psicológicos à população.

Aeronaves alinhadas no convés do voo do porta-aviões britânicos HMS Furious, uma inovação da tecnologia militar que se tornou operacional em março de 1918. (Fotógrafo não identificado. US Navy)

No mar, os submarinos também desempenharam papel decisivo durante a guerra, especialmente no bloqueio naval da Grã-Bretanha. A Marinha Imperial alemã fez uso de seus U-boots para interromper o abastecimento de alimentos e recursos destinados ao Reino Unido, utilizando torpedos para afundar navios mercantes e de guerra inimigos. Essa estratégia, chamada de guerra submarina irrestrita, foi uma das razões que levariam os EUA a ingressarem no conflito em 1917.

O impacto dessas novas tecnologias foi devastador. A artilharia pesada, combinada com o uso de gases venenosos, carros de combate, aviões e submarinos, produziu um número de baixas nunca experimentado em conflitos bélicos. A guerra não era mais uma série de confrontos individuais, travada entre exércitos no campo de batalha, mas uma ação de destruição em massa, em que a vida humana parecia ter pouco valor frente ao poder das máquinas da morte e das novas armas.

As inovações tecnológicas também colocaram os serviços médicos de guerra sob enorme pressão. O tratamento das feridas causadas pelas novas armas, especialmente os danos provocados pelos gases venenosos e pela artilharia pesada, exigiu novos procedimentos médico-cirúrgicos. Além disso, o número crescente de soldados psicologicamente afetados, com o que hoje é chamado de estresse pós-traumático, trouxe uma nova compreensão dos efeitos da guerra na saúde mental.

FOME, DESGASTE E QUEDA DO MORAL

Os impasses estratégicos foram uma característica marcante da Grande Guerra, especialmente nas frentes ocidental e italiana. A estagnação das linhas de frente, marcada pela guerra de trincheiras, impedia grandes avanços, mas o custo humano para qualquer movimento ofensivo era altíssimo.

A resistência à guerra de desgaste foi, em grande medida, psicológica. Os soldados – expostos a condições terríveis nas trincheiras, onde o medo, a doença, o frio e os constantes enfrentamentos pela sobrevivência tomavam o lugar das vitórias militares – passaram a sentir um enorme desgaste moral. Muitos passaram a sofrer com neurose de guerra ou trauma psicológico devido ao contínuo estresse. A guerra de atrito não só enfraqueceu os recursos materiais, mas também afetou profundamente o moral das tropas e, consequentemente, a coesão social.

Do ponto de vista militar, enquanto as grandes potências tentavam desgastar umas às outras por meio de ataques pesados e contínuos, o efeito psicológico nas tropas se mostrava ainda mais devastador. A guerra tornou-se um pesado fardo, e sucessivos contingentes de soldados eram enviados para a frente de batalha para, com suas vidas e suas forças, tentarem mudar o curso do conflito, em uma espiral de desgaste contínuo.

No início do conflito, havia um senso de "dever patriótico" e de "heroísmo" associado ao combate. As populações de muitos países se mobilizaram com entusiasmo, acreditando que a guerra seria curta e decisiva. Porém, com o passar do tempo, essa percepção foi mudando. As baixas se acumulavam, e os relatos sobre as condições brutais das trincheiras começaram a se espalhar, especialmente em países como o Reino Unido e a Alemanha, onde mães, esposas e filhos aguardavam, impotentes, notícias de seus entes queridos.

Em muitos países, como no Reino Unido, passou a haver um crescente desgaste social e político, com as famílias começando a questionar os objetivos e o sentido da guerra. As notícias sobre o número crescente de mortos e feridos afetaram profundamente a opinião pública, que se viu dividida entre aqueles que ainda acreditavam na vitória e os que começaram a considerar que a guerra estava sendo uma farsa ou um massacre sem fim. O governo britânico, em particular, enfrentou uma crescente pressão popular, e, embora a prática da censura estivesse em vigor, a realidade das perdas se tornava cada vez mais difícil de ignorar. No intuito de mitigar o desgaste político pelo prolongamento da guerra, o governo criou o Museu Imperial de Guerra (Imperial War Museum), com o propósito de elevar o moral da população, incorporando acervos vindos diretamente dos campos de batalha.

O museu foi estabelecido em 1917 e idealizado como um espaço público para preservar e apresentar a experiência britânica no conflito, não apenas a história militar, mas também os impactos sociais, econômicos e culturais da guerra. Seu acervo incluía uniformes, armas, cartas, diários, pinturas, fotografias e objetos pessoais dos soldados, muitos enviados diretamente da frente de batalha. A intenção era dupla: homenagear os sacrifícios feitos pelos combatentes e, ao mesmo tempo, reforçar a ideia de que esses sacrifícios não eram em vão. Ao dar um rosto humano à guerra e permitir que o público se conectasse emocionalmente com os soldados e suas histórias, o museu buscava fortalecer o sentimento de união nacional, legitimar o esforço de guerra e sustentar o moral da população em um momento de fadiga e sofrimento generalizado.

A guerra total também envolvia a frente doméstica, na qual os civis eram diretamente afetados pela escassez de recursos, pelo racionamento de alimentos e pela mobilização de trabalhadores para apoiar o esforço de luta. O impacto nas famílias civis, muitas vezes mais do que nos próprios combatentes, começou a mudar a percepção da população sobre o conflito. Os civis em toda a Europa começaram a perceber que a guerra era algo que afetava todas as esferas da vida cotidiana.

Enquanto as potências europeias se esgotavam em batalhas intermináveis, novos países começaram a ingressar na guerra, dando sinais de que o conflito estava atingindo uma escala global e muito longe de terminar. Particularmente, a entrada dos EUA no conflito em 1917 teve um grande impacto no equilíbrio de forças. Seu ingresso na guerra forneceu um impulso logístico e militar significativo para a Entente, com um influxo de tropas frescas e recursos materiais.

Em contrapartida, o desgaste da Tríplice Aliança estava se tornando cada vez mais evidente. A Alemanha, que no início da guerra tinha esperado uma vitória rápida, estava à beira de um colapso econômico. O bloqueio naval imposto pela Marinha Real britânica tinha reduzido significativamente a capacidade da Alemanha de manter suas linhas de abastecimento, levando a uma escassez de alimentos e a uma crescente insatisfação interna. Ao mesmo tempo, a Áustria-Hungria e o Império Otomano estavam enfrentando revoltas internas e problemas com o moral de suas tropas exauridas e desiludidas.

Por sua vez, a Rússia, que já enfrentava problemas internos devido ao surgimento de movimentos revolucionários e à crescente insatisfação com o regime czarista, estava prestes a deixar o conflito, o que iria alterar ainda mais a dinâmica da guerra.

O esgotamento dos beligerantes em 1917 levou a um impasse estratégico, mas também a um renascimento da esperança por parte das potências aliadas, com a chegada de novos recursos e o crescente enfraquecimento das Potências Centrais. A Batalha de Amiens, em agosto de 1918, demonstraria uma mudança de rumo, quando as tropas da Entente, lideradas pelos franceses, receberam o apoio das forças norte-americanas, conseguindo finalmente quebrar a linha alemã. A guerra de atrito chegava ao fim, abrindo caminho para a etapa derradeira do conflito.

O atrito da Grande Guerra foi prolongado, marcado pela destruição massiva e pelo esgotamento físico, psicológico e material das nações envolvidas. Embora o objetivo inicial fosse derrotar o inimigo, por meio do desgaste de suas forças, o impacto foi muito mais amplo. As nações beligerantes enfrentaram colapsos sociais, dúvidas políticas e crises morais, enquanto seus cidadãos e soldados pagavam um preço alto por "um conflito sem fim". Essa etapa da guerra deixou um legado de mortalidade e de trauma psicológico que moldaria a história do século XX, criando as condições para o surgimento de novos cenários em 1918 e para as profundas transformações que se seguiram, tanto no campo militar quanto nas relações internacionais.

Entre 1916 e 1917, as Batalhas de Somme e Verdun exemplificaram esse tipo de combate: um enfrentamento intenso e interminável, em que foram raros os avanços territoriais, o número de baixas foi imenso, e as frentes de batalha se mantiveram praticamente imutáveis. No entanto, a simples eliminação física do inimigo não era considerada suficiente para garantir a vitória. O desgaste psicológico e social também era visto como fator crucial no esgotamento dos beligerantes. Assim, a guerra foi muito mais do que uma disputa de forças militares; foi uma luta pela vontade de continuar a lutar, pela capacidade de suportar o sofrimento e pela resiliência de nações que, após quase três anos de combate, estavam à beira do colapso em várias frentes. Pode-se, portanto, dizer que a resistência à guerra de desgaste foi, em grande medida, psicológica.

À medida que 1917 se aproximava, ficou evidente que a guerra não poderia ser vencida apenas pela exaustão do inimigo, exigindo novas estratégias, tecnologias e alianças. Esse ano traria mudanças profundas, desde a crescente insatisfação popular nas nações beligerantes até reviravoltas geopolíticas que alterariam significativamente o curso do conflito.

1917 – O ano da virada

A guerra não se limitou aos combates na Europa Ocidental, ela se desenrolou nos mares, atingiu os céus pela primeira vez em grande escala e impactou profundamente regiões da África, Ásia e Oriente Médio.

A abordagem deste capítulo enfatiza como os avanços tecnológicos e o escopo geopolítico da guerra a transformaram em um evento sem precedentes, com efeitos que moldaram o século XX. Exploramos como a disputa pelo controle das rotas marítimas e o advento da guerra aérea revolucionaram as estratégias militares, definindo os rumos do conflito.

A GUERRA NO MAR E NO AR

Desde o início do conflito, o domínio dos oceanos foi considerado essencial para as potências envolvidas. A Marinha Real britânica utilizou seu poderio para impor um severo bloqueio naval à Alemanha, enquanto a frota alemã buscava romper esse cerco através de táticas inovadoras, como o uso de submarinos (U-boots). O confronto marítimo transformou os mares em um campo de batalha crucial.

O bloqueio britânico visava cortar o acesso alemão a recursos vitais, resultando em fome e dificuldades econômicas que afetaram profundamente a população civil germânica. Essa estratégia gerou debates sobre ética e a definição de alvos legítimos na guerra.

Em outro sentido, os submarinos alemães representaram uma ameaça sem precedentes à navegação mercante aliada. A estratégia de guerra submarina irrestrita, lançada em 1915, depois interrompida, e relançada em 1917, resultou no ataque a navios civis, incluindo o famoso caso do afundamento do navio mercante britânico Lusitania, que contribuiu para a entrada dos EUA na guerra.

A Batalha da Jutlândia, travada em junho de 1916, foi o maior confronto entre forças navais da guerra, e, apesar de não ser decisiva, consolidou a posição britânica no controle dos mares e demonstrou os limites das marinhas alemã e britânica em buscar a vitória por meio de um confronto direto. O uso dos mares como cenário de guerra traria implicações duradouras, levando à criação de convenções marítimas que tentaram regular ou limitar os efeitos de confrontos futuros.

A BATALHA DA JUTLÂNDIA E SEUS IMPACTOS NA GUERRA NO MAR

A Batalha da Jutlândia, travada entre os dias 31 de maio e 1º de junho de 1916, foi o maior confronto naval da Grande Guerra, envolvendo a Marinha Real britânica, sob o comando do almirante John Jellicoe, e a Frota de Alto-Mar alemã, liderada pelo almirante Reinhard Scheer. O embate ocorreu no Mar do Norte, próximo à Dinamarca, e teve desfecho inconclusivo, com ambos os lados reivindicando a vitória.

Os alemães planejavam atrair e destruir parte da frota britânica, mas esta, ciente da movimentação inimiga, respondeu com força total. Os combates começaram com um duelo entre cruzadores de batalha, no qual os britânicos perderam três navios. Quando a frota principal entrou em ação, Jellicoe executou uma manobra que colocou seus navios em posição vantajosa, forçando Scheer a ordenar uma retirada rápida. Durante a noite, os alemães escaparam para seus portos, evitando a destruição total.

Embora tenham causado mais danos materiais e baixas aos britânicos, os alemães falharam em anular o domínio da Marinha Real. O bloqueio naval britânico continuou, estrangulando a economia alemã. Incapaz de desafiar os britânicos em alto-mar, a Alemanha intensificou a guerra submarina irrestrita. Assim, Jutlândia consolidou a supremacia britânica nos mares e teve impactos estratégicos decisivos na guerra naval.

A Grande Guerra foi o primeiro conflito de expressão a incluir o emprego de aeronaves de forma estratégica. Aviões, a princípio utilizados para reconhecimento, rapidamente evoluíram para plataformas de combate e bombardeio. As forças aéreas de potências como Alemanha, França e Reino Unido lideraram inovações tecnológicas, introduzindo caças, bombardeiros e dirigíveis. A Alemanha se destacou pelo uso de Zeppelins, balões dirigíveis, para bombardeios estratégicos, enquanto a Entente desenvolveu sistemas mais avançados de aviação de combate.

O combate aéreo (*dogfight*, literalmente "briga de cachorro") tornou-se uma nova forma de duelo, na qual pilotos como o alemão Manfred von Richthofen, conhecido como o Barão Vermelho, ganharam notoriedade. Richthofen destacou-se por sua notável habilidade no voo e sua eficiência tática em combates aéreos. Dominando manobras precisas e mantendo excepcional controle de sua aeronave, demonstrava uma compreensão quase instintiva da dinâmica do combate aéreo, o que lhe permitiu surpreender e abater seus adversários com impressionante regularidade. Com 80 vitórias confirmadas, tornou-se o aviador mais vitorioso da guerra, superando todos os demais pilotos em número de abates. Esses combates estabeleceram a figura do "ás" (aviador militar creditado por abater cinco ou mais aeronaves inimigas em combates aéreos) como herói nacional, de maneira romântica e propagandística.

Manfred von Richthofen, o Barão Vermelho, o mais notável "*ás da aviação*" durante a Grande Guerra. A mais importante condecoração alemã, a *Pour le Mérite*, é visível em seu uniforme. (C. J. von Dühren)

Os ataques aéreos contra cidades europeias durante a Grande Guerra tiveram efeitos limitados do ponto de vista militar, uma vez que as aeronaves da época possuíam baixa precisão e capacidade destrutiva relativamente restrita. No entanto, seu impacto psicológico foi profundo: geraram medo, instabilidade e desgaste moral entre as populações civis, inaugurando uma nova dimensão da guerra total, em que a retaguarda deixava de ser um espaço seguro. Do ponto de vista estratégico, embora não decisivos para alterar o curso do conflito, esses ataques representaram um importante experimento no uso da aviação como arma de intimidação, preparando o terreno para o desenvolvimento, na guerra seguinte, de campanhas aéreas muito mais sistemáticas e destrutivas.

A introdução da aviação no cenário militar durante a Grande Guerra significou uma transformação profunda na forma de conduzir os conflitos. Pela primeira vez, o combate deixou de ocorrer apenas em terra e no mar, ganhando uma "terceira dimensão": o espaço aéreo. Inicialmente usada para reconhecimento, a aviação logo passou a desempenhar papéis ofensivos, como bombardeios e duelos aéreos, mudando a dinâmica estratégica e a tática das operações. Além disso, a rápida evolução tecnológica de aviões, motores e armamentos durante o conflito consolidou a ideia de que, nos conflitos futuros, o domínio do ar seria crucial para o sucesso militar.

A RÚSSIA SE RETIRA DA GUERRA

No início do ano de 1917, o Império Russo enfrentava uma situação crítica. Apesar de algumas vitórias iniciais, as derrotas militares e a falta de suprimentos enfraqueceram o moral das tropas. O Exército Russo sofria com deserções em massa, baixa motivação e liderança deficiente. A guerra exacerbou desigualdades sociais e econômicas já presentes na Rússia. A fome e o colapso econômico, combinados com as pesadas baixas na frente de batalha, fomentaram insatisfação popular e greves em larga escala.

Em fevereiro de 1917, protestos espontâneos eclodiram em Petrogrado, levando à abdicação do czar Nicolau II. O governo provisório assumiu o poder, mas manteve o compromisso com a guerra, uma decisão impopular que acelerou sua queda. A incapacidade do novo governo em atender às demandas sociais de "paz, terra e pão" abriu caminho para a Revolução de Outubro, liderada pelos bolcheviques. Sob a liderança de Lenin, a Rússia buscou um armistício com as Potências Centrais, culminando no Tratado de Brest-Litovsk (1918), que marcou a retirada formal do país da guerra.

A saída da Rússia representou um alívio para as Potências Centrais, permitindo que estas redistribuíssem expressiva quantidade de suas tropas para a Frente Ocidental.

OS EUA INGRESSAM NO CONFLITO

Do outro lado do mundo, quando dos primeiros movimentos da guerra, os EUA adotaram uma política de neutralidade, buscando evitar envolvimento em um conflito considerado "europeu". No entanto, no plano econômico, o país mantinha um comércio ativo, especialmente com os Aliados, e sofreu com os efeitos da campanha submarina alemã. A Alemanha lançou a guerra submarina irrestrita em 1917, atacando navios mercantes e de passageiros, incluindo como alvos embarcações de países neutros. Essas ações, junto com o "telegrama Zimmermann" (uma tentativa alemã de aliar-se ao México para se antagonizar com os EUA), minaram a posição neutral estadunidense.

Em 6 de abril de 1917, o presidente Woodrow Wilson pediu ao Congresso que fosse declarada a guerra contra a Alemanha, justificando o ato como uma defesa da democracia e da liberdade dos mares. Conjugado com a saída da Rússia do conflito, o ingresso dos EUA assinalou um ponto de virada no equilíbrio de forças na Grande Guerra.

Após o impasse de 1917, caracterizado pelo esgotamento das forças europeias e pelo colapso da Rússia, a entrada dos EUA na guerra teve um impacto psicológico imediato ao renovar as esperanças dos Aliados e intimidar as Potências Centrais. Mesmo antes da atuação efetiva em combate, a chegada iminente de expressiva quantidade de soldados bem abastecidos e equipados representava uma virada potencial no equilíbrio militar. Em apenas alguns meses, os EUA conseguiram mobilizar seu exército e colocar na Europa cerca de 1,2 milhão de soldados plenamente armados e equipados, que fariam pender a balança de forças em favor dos Aliados. Isso reforçou o moral dos exércitos aliados e demonstrou que o bloco adversário teria dificuldade em sustentar a guerra contra um inimigo agora robustecido por uma potência econômica e militar crescente.

Militarmente, a chegada em massa das tropas da Força Expedicionária Americana em 1918 reforçou de forma significativa as linhas aliadas, permitindo a retomada de ofensivas em larga escala. Os soldados norte-americanos participaram de batalhas decisivas como Cantigny, Belleau Wood, Saint-Mihiel e Meuse-Argonne, oferecendo novo vigor às operações e contribuindo para deter a Ofensiva da Primavera alemã. Além do número expressivo de combatentes, os EUA também forneceram suprimentos, armamentos e apoio logístico em larga escala. Esse reforço desequilibrou definitivamente o conflito a favor dos Aliados, levando ao colapso progressivo das Potências Centrais e ao armistício de novembro de 1918.

A FEIÇÃO MUNDIAL DA GUERRA

Paralelamente à retirada da Rússia e ao ingresso dos EUA na guerra, a frente italiana era marcada por combates intensos e grandes dificuldades, tanto para as forças do Exército Real italiano como para as austro-húngaras. Em 1917, o cenário mudou drasticamente com a Batalha do Caporetto, uma ofensiva das Potências Centrais que resultou em uma derrota definitiva para a Itália. A batalha destacou a superioridade tática alemã, especialmente no uso de infiltrações rápidas por tropas bem treinadas e mais equipadas, e levou à retirada italiana para posições defensivas no rio Piave. A derrota provocou uma grave crise política e militar na Itália, e também levou à reorganização do Exército Italiano, sob o comando do general Armando Diaz.

Em 1918, os italianos começaram finalmente a se recuperar, com o moral reforçado por uma melhor coordenação militar e maior apoio dos Aliados, incluindo o auxílio de tropas francesas e britânicas. A contraofensiva italiana culminou na Batalha de Vittorio Veneto, em outubro/novembro de 1918. Esse confronto decisivo quebrou a resistência austro-húngara e resultou na rendição do império poucos dias depois.

A vitória italiana solidificou seu papel entre os Aliados, mas os custos humanos e materiais da guerra foram enormes, deixando profundas marcas no país.

Atribuindo um caráter global e extracontinental à Grande Guerra, a África foi palco de combates que, embora menores em escala comparados às frentes europeias, tiveram impacto relevante na dinâmica local e mundial do conflito. A guerra no continente africano foi caracterizada por campanhas de guerrilha, marchas de longo alcance e batalhas efetivas nas colônias africanas vinculadas às potências europeias. A Alemanha, com colônias na África Oriental, na África Ocidental e no Sudoeste Africano, enfrentou tropas britânicas, francesas, portuguesas e belgas.

Na África Oriental alemã, o general Paul von Lettow-Vorbeck liderou uma resistência notável contra as forças aliadas. Sua estratégia consistia em evitar confrontos diretos, utilizando táticas de guerrilha para manter as unidades inimigas engajadas e prolongar o esforço de guerra. Mesmo com recursos limitados e cercado por tropas muito superiores em número, Lettow-Vorbeck permaneceu ativo até o armistício, tornando-se mais tarde uma figura lendária na História da guerra irregular.

As colônias africanas desempenharam um papel significativo na mobilização de homens para as potências europeias durante o conflito, contribuindo com centenas de milhares de combatentes e trabalhadores para os esforços de guerra. Potências coloniais como França, Reino Unido e Alemanha recrutaram ativamente homens de suas possessões na África, muitas vezes sob coerção ou através de políticas impostas de conscrição. A França, por exemplo, mobilizou um grande número de Atiradores Senegaleses (*tirailleurs sénégalais*), tropas formadas por soldados de várias regiões da África Ocidental francesa, que lutaram, principalmente, na Frente Ocidental e desempenharam papéis importantes em batalhas como a de Verdun.

Da mesma forma, o Reino Unido recrutou soldados e trabalhadores de colônias, como Nigéria, Quênia e África do Sul, empregando-os tanto na frente africana quanto na Europa e no Oriente Médio. Esses soldados enfrentaram condições extremamente adversas, incluindo racismo institucional, treinamento inadequado e elevado índice de mortalidade provocado pela ação do inimigo e por doenças. Apesar das dificuldades, desempenharam papéis essenciais no transporte de suprimentos, na construção de infraestrutura militar e mesmo no combate direto. Após a guerra, a participação desses soldados na luta por uma "causa europeia" que pouco impactava diretamente suas vidas ajudaria a despertar uma percepção de injustiça e de consciência política nas populações das colônias. Tal sentimento seria uma base importante para os movimentos de independência que ganhariam força ao longo do século XX. Enfim, a guerra no continente africano ilustrou o caráter verdadeiramente global do conflito, ao mesmo tempo que revelaria as tensões coloniais que ajudariam a moldar movimentos de independência que foram ganhando força e se manifestaram especialmente após a Segunda Guerra Mundial (1939-1945).

Durante a Grande Guerra, a Ásia, embora considerada uma frente secundária, teve papel estratégico crucial ao fornecer recursos e mão de obra para as potências europeias. A Índia britânica destacou-se como grande fornecedora de algodão, trigo, ópio medicinal, borracha e minérios como manganês e cromo, além de animais de carga como mulas e camelos, essenciais para o transporte militar. Regiões do Sudeste Asiático sob domínio francês e britânico também contribuíram com importantes insumos, como estanho e borracha, sustentando o esforço industrial de guerra nas metrópoles.

Além disso, milhões de asiáticos foram mobilizados como tropas combatentes e mão de obra colonial. Soldados indianos combateram em várias frentes, incluindo Europa, Oriente Médio e África. Trabalhadores chineses, por meio do chamado *Chinese Labour Corps*, atuaram na retaguarda da Frente Ocidental, realizando tarefas logísticas pesadas, como construção de estradas, movimentação de suprimentos e sepultamento dos mortos. Também houve grande presença de operários asiáticos em arsenais e fábricas, demonstrando que a guerra dependia fortemente da mobilização global de recursos e pessoas, o que, no pós-guerra, geraria tensões e questionamentos sobre a legitimidade do domínio colonial.

O Japão, como aliado da Entente, consolidou uma posição relevante no Pacífico e na Ásia Oriental ao ocupar as possessões alemãs nas ilhas Marshall, Carolinas e Marianas, além de tomar a base de Tsingtao, na China, em 1914. A partir de 1917, a presença japonesa no Pacífico e sua cooperação com os Aliados se intensificaram, mas também passaram a gerar desconfianças, especialmente por parte dos EUA e da Austrália, temerosos de que o crescimento da influência japonesa na região atrapalhasse seus respectivos interesses.

Na Ásia Central, a Revolução Russa de 1917 desestabilizou o controle imperial em regiões como o Cáucaso e o Turquestão, onde grupos locais começaram a resistir à dominação russa, agravando a instabilidade política e abrindo espaço para novos conflitos regionais que surgiriam no pós-guerra.

A China, apesar de internamente enfraquecida pela instabilidade política, declarou guerra às Potências Centrais em 1917, contribuindo com trabalhadores para os esforços de guerra dos Aliados, especialmente na Europa.

Em outra frente, o Oriente Médio foi palco de combates cruciais e de grande impacto estratégico durante o conflito 1914-1918, na medida em que as forças britânicas, apoiadas por aliados locais, avançavam contra o Império Otomano, um dos pilares das Potências Centrais. Em 1917, os britânicos obtiveram uma vitória decisiva ao capturar Bagdá durante a campanha na Mesopotâmia, consolidando o controle sobre uma região rica em petróleo. No mesmo ano, o general Edmund Allenby liderou uma ofensiva britânica na Palestina, resultando na captura de Jerusalém em dezembro de 1917, um significativo marco simbólico e político para os Aliados.

Simultaneamente, as forças árabes, lideradas por figuras como T. E. Lawrence, conhecido como "Lawrence da Arábia", e o emir Faisal, intensificaram a Revolta Árabe, utilizando táticas de guerrilha para desestabilizar o Exército Otomano. A revolta foi um levante iniciado em 1916 contra o Império Otomano, conduzido por nacionalistas árabes com apoio britânico. Os árabes ajudaram a desestabilizar o domínio otomano no Oriente Médio, facilitando o avanço aliado. A revolta teve impacto estratégico na derrota otomana, mas as promessas de independência árabe não foram cumpridas após a guerra, gerando frustração com os acordos feitos pelas potências europeias.

Em 1918, a campanha no Oriente Médio culminou na Batalha de Megido, em que as tropas britânicas e árabes derrotaram os otomanos e abriram o caminho para a ocupação de Damasco. Essas vitórias não apenas selaram o destino do Império Otomano, mas também prepararam o terreno para disputas territoriais entre as potências europeias, cujos acordos secretos, como o Acordo Sykes-Picot (entre a França e o Reino Unido, estabelecido em 1916, para repartir entre si o território do Império Otomano após o fim da guerra), redesenhariam o mapa do Oriente Médio e plantariam sementes de tensões que persistem até os dias atuais.

O BRASIL NA GRANDE GUERRA

O conflito também alcançou a América do Sul. O Brasil foi o único país sul-americano a enviar forças militares para lutar na Grande Guerra, na qual ingressou, oficialmente, em 26 de outubro de 1917, após declarar guerra às Potências Centrais. A decisão foi resultado de uma série de incidentes diplomáticos e militares, incluindo o afundamento de diversos navios mercantes brasileiros por submarinos alemães, como o Paraná e o Macau, que causaram indignação nacional. O governo de

Wenceslau Brás, inicialmente inclinado à neutralidade, viu-se pressionado por setores da sociedade e por alianças comerciais e políticas com os países da Entente, especialmente o Reino Unido e os EUA, a tomar uma posição mais ativa no conflito.

A participação brasileira seria modesta em comparação com a das grandes potências, mas bastante expressiva e simbólica no contexto regional. A partir de 1918, o Brasil contribuiu com o envio de médicos e pessoal de saúde para a Europa, notadamente na Missão Médica Militar enviada à França, que instalou um hospital militar em Paris e prestou assistência a feridos de guerra e vítimas da epidemia de gripe espanhola. Outra contribuição foi a participação de oficiais brasileiros adidos ao Exército Francês, inicialmente como observadores, e que entraram em combate integrados a pequenas unidades francesas. Grupos de aviadores navais também foram enviados do Brasil para realizarem cursos e depois atuarem em combate no Reino Unido, na Itália e nos EUA. Além disso, a Marinha do Brasil realizou o patrulhamento do Atlântico Sul, integrando a Divisão Naval em Operações de Guerra (dois cruzadores, quatro contratorpedeiros e um navio auxiliar de apoio), enviada para atuar em um triângulo geográfico balizado por Cabo Verde – Dacar – Gibraltar, na costa Africana. No cumprimento de sua missão, porém, a Divisão Naval enfrentou desafios extremos, como um surto de gripe espanhola que dizimou expressiva parcela das tripulações de seus navios.

Embora a contribuição militar direta tenha sido limitada, a entrada do Brasil na guerra consolidou suas relações diplomáticas com as principais potências aliadas e reforçou sua posição geopolítica no cenário internacional. A experiência do conflito também trouxe valiosas lições para as forças armadas brasileiras, marcando o início de uma modernização que teria desdobramentos ao longo do século XX.

REEQUILIBRANDO AS FORÇAS

Em fins de 1917, a Grande Guerra havia atingido um ponto de inflexão decisivo. A saída da Rússia do conflito, selada com o Tratado de Brest-Litovsk, permitiu à Alemanha deslocar forças para a Frente Ocidental, enquanto a entrada dos EUA reforçou a capacidade da Entente. As estratégias de ambos os lados precisaram se adaptar a essa nova realidade: as Potências

Centrais buscavam uma vitória rápida antes que a superioridade industrial e humana dos Aliados se tornasse irreversível, enquanto a Entente se reorganizava para uma ofensiva definitiva.

Assim, 1918 emergiria como o ano crucial da guerra, no qual os últimos fôlegos das potências beligerantes seriam testados até o limite, culminando com o desfecho do conflito.

O TRATADO DE BREST-LITOVSK – A PAZ NO LESTE E O IMPACTO NO CONFLITO

Assinado em 3 de março de 1918 entre a República Soviética Russa e as Potências Centrais (principalmente Alemanha, Áustria-Hungria e Império Otomano), o Tratado de Brest-Litovsk pôs fim à participação da Rússia na Grande Guerra. Com a revolução bolchevique de 1917, a Rússia passou a buscar uma saída do conflito, já enfraquecida pela pressão das frentes de combate e pelo descontentamento interno. O tratado, assinado na cidade de Brest-Litovsk (atualmente na Bielo-Rússia), reconheceu a cessão de vastos territórios à Alemanha e a seus aliados, incluindo a Polônia, os países bálticos (Estônia, Letônia e Lituânia) e a Ucrânia.

O impacto imediato do tratado foi a retirada de um vasto exército da Frente Oriental, permitindo que as Potências Centrais transferissem suas forças para o Ocidente. Isso teve um efeito direto na intensificação da Batalha do Somme e de outras ofensivas aliadas, já que o Império Russo, antes um ator significativo nas frentes de leste, foi efetivamente neutralizado.

Embora tenha dado uma vitória política temporária para os bolcheviques, o tratado também teve efeitos desastrosos para a Rússia, pois significou a perda de território e recursos vitais, além de agravar a situação política interna. Ao mesmo tempo, deixou uma marca duradoura na história da guerra, acelerando a queda do Império Russo e pavimentando o caminho para os desdobramentos da Revolução Russa e a formação da União Soviética.

As últimas grandes batalhas e o fim da guerra

A OFENSIVA DA PRIMAVERA ALEMÃ: *KAISERSCHLACHT*

No início de 1918, a Alemanha enfrentava uma situação crítica. O bloqueio naval imposto pela Entente minava a economia e o moral da população, enquanto a entrada dos EUA no conflito trazia novos recursos e tropas para os Aliados. A liderança militar alemã, na ocasião sob o general Erich von Ludendorff, reconheceu que era necessário agir rapidamente para obter uma vitória antes que o equilíbrio de forças pendesse de maneira definitiva para os inimigos. Assim, nasceu o plano da Ofensiva da Primavera, conhecido como *Kaiserschlacht* (a "Batalha do Kaiser").

Seu objetivo estratégico era romper o impasse na Frente Ocidental e forçar os Aliados a negociações de paz favoráveis à Alemanha. Ludendorff concentrou suas forças em ataques sucessivos, divididos em cinco fases principais, cada uma com um codinome: Michael,

Georgette, Blücher-Yorck, Gneisenau e Friedensturm. A primeira, a Operação Michael, lançada em março de 1918, buscou romper as linhas britânicas na região da Picardia. Embora as tropas alemãs tivessem obtido avanços iniciais importantes, conquistando território significativo, a ofensiva perdeu ímpeto devido a dificuldades logísticas, à exaustão das tropas e à incapacidade de consolidar as conquistas.

As ofensivas subsequentes seguiram um padrão semelhante: ganhos iniciais seguidos por estagnação e perdas significativas. Além disso, o emprego intensivo de tropas de choque (*Stoßtruppen*) teve um custo humano elevado, reduzindo ainda mais o poder de combate alemão. Apesar do grande esforço, a *Kaiserschlacht* não conseguiu alcançar os objetivos estratégicos e marcou o princípio de um declínio irreversível da máquina de guerra alemã.

OS ALIADOS TOMAM A INICIATIVA – A OFENSIVA DOS CEM DIAS

Enquanto a Alemanha se desgastava com suas ofensivas, os Aliados fortaleciam suas posições. O ingresso dos EUA na guerra começou a mostrar seus efeitos, com o envio contínuo de tropas frescas e bem abastecidas para a Frente Ocidental. Ao mesmo tempo, os Aliados passaram a operar de forma mais coordenada sob a liderança do general francês Ferdinand Foch, nomeado comandante supremo das forças aliadas.

A virada decisiva ocorreu em julho de 1918, na Segunda Batalha do Marne. Aproveitando o esgotamento alemão após a Operação Friedensturm, os Aliados lançaram um contra-ataque vigoroso, utilizando recursos diversos, como tanques e aviões, para apoiar o avanço da infantaria. A batalha não apenas impediu novos avanços alemães, mas também iniciou uma série de operações conhecidas como a Ofensiva dos Cem Dias.

Essa ofensiva se estendeu de agosto a novembro de 1918, e foi marcada por ataques coordenados em diversos setores da Frente Ocidental, envolvendo franceses, americanos e forças do Império Britânico. As operações resultaram em sucessivas derrotas para os alemães, forçando-os a recuar em praticamente todas as frentes de combate. Além do impacto militar, o avanço aliado teve um forte efeito psicológico, corroendo ainda mais o moral das tropas e da população alemã.

Combinados, o fracasso da Ofensiva da Primavera e o êxito das operações aliadas marcaram o início do fim para a Alemanha, criando as condições para o colapso final do Império Alemão e a busca por um armistício.

O COLAPSO DA ALEMANHA E OS EFEITOS DERRADEIROS DO BLOQUEIO MARÍTIMO

Enquanto os Aliados consolidavam seus avanços no campo de batalha, a Alemanha enfrentava um colapso interno agravado pelo bloqueio naval imposto pela Marinha Real britânica desde o início da guerra. Tal bloqueio tinha como objetivo estrangular a economia alemã, impedindo a entrada de suprimentos vitais, como alimentos, combustíveis e matérias-primas essenciais. Com o passar dos anos, os efeitos do bloqueio tornaram-se devastadores para a sociedade alemã.

A escassez de alimentos e bens de consumo resultou em uma fome generalizada e condições de vida precárias para a população civil. Doenças relacionadas à desnutrição proliferaram, como o raquitismo e a tuberculose, enquanto a inflação corroeu os salários e as economias das famílias. A situação também minou o moral da população, que, cansada de sacrifícios, começou a questionar o governo e a pressionar por uma solução para o conflito.

A crise não se limitou à esfera civil. Dentro das forças armadas, as privações afetavam a capacidade de combate e a lealdade dos soldados. A desmoralização crescia à medida que as derrotas se acumulavam e as promessas de vitória se mostravam ilusórias. Em outubro de 1918, com a situação militar e social insustentável, tornou-se claro que a Alemanha não tinha mais condições de continuar a guerra.

A insatisfação acumulada entre os soldados e a população civil finalmente explodiu em revoltas no final de 1918. O estopim foi um motim naval iniciado em Kiel, principal base naval alemã, onde marinheiros, rejeitando ordens de lançar um ataque contra a frota britânica, se amotinaram e formaram conselhos de trabalhadores e soldados (*Arbeiter und Soldatenräte*). Esses conselhos, inspirados pelos sovietes da Revolução Russa, exigiam o fim imediato da guerra, reformas democráticas e melhorias nas condições de vida. A revolta rapidamente se espalhou por todo o país, levando à criação de conselhos semelhantes em cidades importantes, como Hamburgo, Berlim e Munique.

EM BUSCA DO ARMISTÍCIO

Diante do colapso militar e social, as lideranças militares alemãs reconheceram que a guerra estava perdida. No final de setembro de 1918, o general Ludendorff informou ao Kaiser e ao chanceler que era necessário buscar um armistício imediato. As derrotas no campo de batalha, a desintegração do moral das tropas e as crescentes pressões internas tornavam o conflito insustentável.

A iniciativa diplomática foi entregue ao novo chanceler, o príncipe Maximilian von Baden, que adotou uma postura mais conciliatória. Em outubro de 1918, a Alemanha enviou uma solicitação de armistício ao presidente dos EUA, Woodrow Wilson, esperando obter condições mais favoráveis com base na proposta conhecida como "14 Pontos", apresentada por ele no início do ano. No entanto, os Aliados europeus, particularmente a França e o Reino Unido, estavam menos inclinados à clemência.

As negociações foram intensas e marcadas por desconfiança mútua. Enquanto o governo alemão tentava suavizar os termos, os Aliados europeus insistiam em condições duras, refletindo tanto o desejo de garantir a segurança futura quanto o sentimento de revanche, especialmente por parte da França, que nutria um antigo antagonismo com a Alemanha. O comando Aliado, liderado pelo general Ferdinand Foch, impôs termos que incluíam a retirada imediata das tropas alemãs da França, Bélgica e Alsácia-Lorena, além da entrega de armamentos e a ocupação de partes do território alemão.

Em novembro, com o país à beira do colapso total e a revolução se espalhando, os líderes alemães não tiveram escolha senão aceitar as condições impostas. As negociações finais ocorreram no vagão de trem de Foch, em uma floresta em Compiègne, na França. Sob intensa pressão, o Kaiser Wilhelm II abdicou em 9 de novembro de 1918, exilando-se nos Países Baixos. Com isso, o Império Alemão foi formalmente dissolvido, dando lugar a uma República provisória liderada por Friedrich Ebert, do Partido Social-Democrata alemão.

O 11 DO 11 DE 1918: FINALMENTE, O ARMISTÍCIO

Na madrugada de 11 de novembro de 1918, os representantes alemães assinaram o armistício. O cessar-fogo foi declarado para entrar em vigor às 11 horas da manhã do mesmo dia, que, na História da Guerra, foi categorizado como estabelecido na "11ª hora, do 11º dia, do 11º mês".

As condições do armistício refletiam a vitória esmagadora da Entente. A Alemanha foi obrigada a evacuar os territórios que ocupara, entregar grande parte de seu armamento pesado e permitir a ocupação aliada de áreas estratégicas no vale do Reno. Além disso, o bloqueio naval continuaria até que um tratado de paz definitivo fosse assinado, prolongando o sofrimento da população alemã.

A notícia do armistício foi recebida com alívio e celebrações em muitos países da Entente, mas, na Alemanha, a reação foi mais contida. Embora o fim da guerra trouxesse esperança de paz, também representava uma humilhação nacional e o início de um período de incerteza política, econômica e social.

O armistício, de fato, não traria uma paz duradoura. Em vez disso, abriu o caminho para um período pós-guerra marcado por instabilidade, ressentimento e disputas que culminariam em outro conflito global, ainda mais destrutivo, e apenas duas décadas depois.

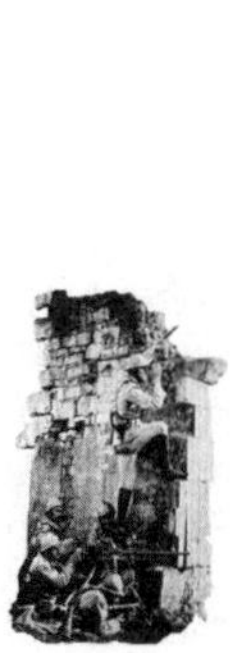

Um novo mundo emerge da tragédia

AS BASES DA PAZ: OS "14 PONTOS" DE WOODROW WILSON

Na etapa final da Grande Guerra, o presidente dos EUA, Woodrow Wilson, um professor universitário de História, apresentou uma proposta visionária para assegurar uma paz duradoura. Conhecida como "14 Pontos", essa série de princípios foi anunciada em janeiro de 1918, antes mesmo do fim do conflito, como um guia para reconstruir um mundo mais estável, sustentado por um sistema de segurança coletiva internacional, e para evitar futuras guerras globais.

Entre eles, destacavam-se: a autodeterminação dos povos, a liberdade dos mares, a redução de armamentos, o fim da diplomacia secreta e a criação de uma organização internacional para garantir a paz – ideia que daria origem à Liga das Nações. Wilson defendia ainda uma abordagem menos punitiva em relação às nações derrotadas, especialmente à Alemanha, acreditando que um tratado de paz severo poderia gerar ressentimentos e conflitos futuros.

No entanto, apesar de sua ambição, o plano dos 14 Pontos enfrentou resistências significativas. Os Aliados europeus, particularmente França e Reino Unido, estavam mais interessados em assegurar suas demandas territoriais e coloniais, econômicas e políticas, do que em seguir os princípios idealistas de Wilson. A França, devastada pela guerra, buscava vingança e também segurança contra uma possível futura agressão alemã, enquanto o Reino Unido queria preservar sua hegemonia naval e colonial.

Embora os 14 Pontos tenham influenciado as discussões iniciais de paz, apenas parte deles foi incorporada aos acordos subsequentes, como o Tratado de Versalhes. A diferença entre os ideais de Wilson e as realidades políticas da Europa pós-guerra limitou significativamente o impacto de sua visão.

OS DESAFIOS PARA A RECONSTRUÇÃO EUROPEIA: O TRATADO DE VERSALHES

O Tratado assinado em 28 de junho de 1919, após a Conferência de Versalhes, marcou oficialmente o fim do conflito 1914-1918 e estabeleceu os termos de paz entre os Aliados e a Alemanha. Contudo, longe de representar uma reconciliação, o instrumento diplomático impôs condições severas que alimentariam tensões nos anos seguintes. Entre as principais cláusulas, destacavam-se:

- A Culpa da Guerra: a Alemanha foi forçada a aceitar a responsabilidade total pelo início do conflito, gerando uma profunda humilhação nacional.
- Reparações da Guerra: a Alemanha deveria pagar somas exorbitantes aos Aliados para cobrir os danos causados pelo conflito, o que estrangulou sua economia.
- Redução do campo militar: o Exército Alemão foi drasticamente limitado, com proibição de possuir carros de combate, aviões militares e submarinos, além da desmilitarização da Renânia.

- Reduções territoriais: a Alemanha perdeu colônias e territórios estratégicos, como a Alsácia-Lorena para a França e a Prússia Ocidental para a Polônia, dificultando ainda mais sua recuperação econômica.

Embora os Aliados tivessem comemorado o acordo como uma vitória, muitos cientistas contemporâneos, incluindo figuras como o economista John Maynard Keynes, criticaram suas condições excessivamente punitivas. Keynes, em sua obra *As consequências econômicas da paz* (publicada em 1919), advertiu que as reparações e a humilhação impostas à Alemanha poderiam semear ressentimentos que levariam a outro conflito.

Na Alemanha, o Tratado de Versalhes seria amplamente rejeitado como uma "paz ditada" (*Diktat*), aprofundando o descontentamento popular. O Tratado também não conseguiria resolver disputas em outras partes da Europa, como as tensões étnicas nos novos Estados criados a partir do colapso dos impérios.

Por fim, o Tratado de Versalhes revelaria as contradições da paz alcançada. Embora encerrasse o conflito armado, o instrumento diplomático plantou as sementes de futuros confrontos, mostrando que o desejo de revanche e a incapacidade de estabelecer uma ordem verdadeiramente equilibrada permaneceriam como desafios.

A TEORIA DA "PUNHALADA PELAS COSTAS" E O RESSENTIMENTO ALEMÃO

O colapso da Alemanha no final da guerra não foi apenas um evento militar, mas também um trauma psicológico profundo, que moldaria a sociedade alemã nas décadas seguintes. Uma das narrativas mais influentes e controversas que emergiram nesse período foi a teoria da "punhalada pelas costas" (*Dolchstoßlegende*). Amplamente promovida por militares descontentes e políticos de direita, a teoria alegava que o Exército Alemão não havia sido derrotado no campo de batalha, mas sim traído por elementos internos, especialmente socialistas, comunistas e judeus. Segundo essa visão, os políticos civis que assinaram o armistício eram os verdadeiros responsáveis pela derrota, ao minarem o esforço de guerra e capitularem diante dos Aliados.

Embora a "punhalada pelas costas" não tivesse base factual – o Exército Alemão enfrentou derrotas severas e estava à beira do colapso logístico –, a teoria encontraria amplo apoio entre setores da população. Muitos veteranos de guerra e cidadãos alemães, chocados com as duras condições do Tratado de Versalhes, viram a narrativa como uma explicação plausível para o que consideravam uma derrota inexplicável.

Essa teoria seria instrumentalizada politicamente no pós-guerra, sobretudo pelo Partido Nazista, que a utilizou para justificar seu discurso de revanche e consolidar apoio popular. Adolf Hitler, em particular, a incorporou como elemento central de sua propaganda, alimentando ressentimentos e mobilizando a população contra os "inimigos internos" identificados pela retórica nazista.

A teoria da "punhalada pelas costas" não apenas distorceu a percepção do fim da Grande Guerra entre os alemães, mas também contribuiu para a radicalização política e a instabilidade da República de Weimar, instaurada após o conflito. Ela exemplifica como narrativas históricas podem ser manipuladas para fins políticos, com consequências duradouras para a paz e a estabilidade.

AS PERDAS DA GUERRA: MORTOS, MUTILADOS E FERIDOS

A Grande Guerra caracterizou-se por uma escala de destruição humana e material até então sem precedentes. O conflito deixou um saldo de aproximadamente 10 milhões de mortos e mais de 20 milhões de feridos, muitos deles mutilados ou permanentemente incapacitados. Além disso, milhões de civis sucumbiram aos efeitos colaterais da guerra, como fome, doenças e deslocamentos forçados.

Entre os combatentes, a combinação de novas tecnologias militares – incluindo artilharia pesada, armas químicas e metralhadoras – e estratégias de combate baseadas na guerra de trincheiras resultou em taxas de mortalidade impressionantes. As Batalhas de Verdun e do Somme, por exemplo, ilustram a brutalidade do conflito, com centenas de milhares de baixas em um curto espaço de tempo.

A guerra não apenas tirou vidas, mas também destruiu futuros. Muitos soldados que sobreviveram retornaram com traumas físicos e psicológicos profundos. A condição conhecida na época como *shell shock* (choque de granada), definido na literatura médica atual como Transtorno de Estresse Pós-Traumático (TEPT), afetou milhares de veteranos, alterando suas vidas e as dinâmicas familiares e sociais.

O estudo mais atualizado e detalhado sobre as perdas e as consequências humanas do conflito foi realizado pela organização REPERES (Réseau d'Études des Populations en Europe et dans le Monde) da União Europeia, coordenada por Nièdge Mougel, que analisou o impacto demográfico e social da guerra. Observando os dois blocos antagônicos, o estudo contabilizou as seguintes baixas militares:

Baixas militares da Entente durante a Grande Guerra

Países	Feridos	Mortos
Bélgica	44.686	58.637
EUA	205.690	116.708
França	4.266.000	1.397.800
Grã-Bretanha	2.090.212	1.114.914
Grécia	21.000	26.000
Itália	953.886	651.000
Japão	415	907
Montenegro	10.000	3.000
Portugal	13.751	82.000
Romênia	120.000	250.000
Rússia	4.950.000	1.811.000
Sérvia	133.148	275.000
Total Entente	**12.808.280**	**5.711.696**

Baixas militares das Potências Centrais durante a Grande Guerra

Países	Feridos	Mortos
Alemanha	4.247.143	2.050.897
Áustria-Hungria	3.620.000	1.100.000
Bulgária	152.390	87.500
Império Otomano	400.000	771.844
Total Potências Centrais	**8.419.533**	**4.010.533**

A pesquisa revela que, além da perda de vidas, a guerra criou um desequilíbrio populacional significativo, com gerações inteiras de jovens dizimadas em alguns países. Ao todo, as baixas de militares atingiram uma cifra exponencial e nunca verificada em conflitos bélicos anteriores. Ainda que em uma estimativa cuja precisão é controversa e discutida até os dias atuais, o relatório aponta cerca de 9,7 milhões de mortos, além de 21 milhões de feridos, mutilados e incapacitados na guerra. No âmbito da população civil, outros tantos milhões sucumbiram ao bombardeio e à pandemia de gripe espanhola.

O impacto das perdas foi sentido de maneiras variadas. Na França, o termo *génération sacrifiée* (geração sacrificada) passou a simbolizar o preço pago pelos jovens da nação. Na Alemanha, a memória dos mortos foi usada como um catalisador para projetos de revanche. Para além da Europa, as perdas humanas evidenciaram a interconexão global do conflito, com contribuições de soldados e trabalhadores coloniais em frentes de batalha distantes.

A CRIAÇÃO DA LIGA DAS NAÇÕES

A Grande Guerra deixou um rastro de destruição e incertezas que demandou uma nova abordagem para a diplomacia internacional. Em resposta, a Liga das Nações foi criada em 1919 como consequência do Tratado de Versalhes, com o propósito de prevenir futuros conflitos e promover a segurança coletiva e a cooperação entre os países. Essa organização representava a primeira tentativa de institucionalizar a paz por meio de uma entidade supranacional. Seus objetivos incluíam:

- Promover a solução pacífica de disputas internacionais.
- Garantir a segurança coletiva contra agressões.
- Estimular a cooperação em questões econômicas, sociais e humanitárias.

A Liga deveria arbitrar conflitos internacionais, promover o desarmamento e defender a soberania das nações-membro.

Durante o período entreguerras, a Liga obteve algumas conquistas, por exemplo, a resolução pacífica de determinadas disputas territoriais e a promoção da cooperação internacional em áreas como saúde e trabalho. Ela promoveu ainda iniciativas como a supervisão de territórios sob mandatos (ex-colônias das potências derrotadas) e campanhas contra o trabalho infantil, o tráfico de drogas e doenças.

A criação da Liga das Nações em 1919 representou um esforço para estabelecer um mecanismo internacional de resolução de conflitos e promoção da paz. Idealizada como parte dos 14 Pontos do presidente norte-americano Woodrow Wilson, buscava evitar que os horrores do conflito se repetissem, oferecendo um fórum diplomático para resolver disputas e garantir a segurança coletiva.

A Liga, no entanto, enfrentou desafios estruturais desde sua fundação. O mais significativo deles foi a ausência dos EUA, cujo Senado – temendo compromissos militares obrigatórios e perda de soberania estadunidense – rejeitou a adesão, apesar do papel crucial do presidente Woodrow Wilson em sua concepção. Sem a participação dos EUA, a Liga deixou de contar com uma potência econômica e militar essencial para atestar sua credibilidade. Outras fraquezas incluíam a falta de mecanismos coercitivos reais para impor suas decisões e a relutância dos membros em priorizar os interesses coletivos sobre os nacionais. A organização falhou ao não conter agressões de potências revisionistas, a ascensão do militarismo na Alemanha e no Japão nos anos 1930, a invasão japonesa da Manchúria (1931), a invasão italiana da Etiópia (1935) e a expansão nazista na Europa.

A Liga das Nações fracassou em evitar a Segunda Guerra Mundial. Ela seria formalmente dissolvida e substituída pela Organização das Nações Unidas (ONU) em 1946, com promessas de estruturar um modelo mais robusto de governança global.

UM NOVO MUNDO: O REDESENHO GEOPOLÍTICO E O COLAPSO DOS IMPÉRIOS

O conflito foi um divisor de águas no cenário geopolítico global, provocando o colapso de quatro grandes impérios, que simplesmente deixaram de existir: Alemão, Austro-Húngaro, Otomano e Russo. Com a fragmentação dessas potências, o mapa político da Europa e do Oriente Médio foi completamente redesenhado, dando origem a novos países e semeando tensões que perdurariam por décadas.

O OCASO DOS IMPÉRIOS

- **Império Alemão**: a derrota levou à abdicação do Kaiser Wilhelm II e à proclamação da República de Weimar. A Alemanha perdeu territórios para a França (Alsácia-Lorena), Polônia e Dinamarca, além de suas colônias ultramarinas.
- **Império Austro-Húngaro**: foi fragmentado em novos Estados independentes, como Áustria, Hungria, Tchecoslováquia e o Reino dos Sérvios, Croatas e Eslovenos (futura Iugoslávia).
- **Império Otomano**: ficou reduzido ao território da atual Turquia, enquanto suas províncias no Oriente Médio foram divididas entre o Reino Unido e a França, sob o sistema de mandatos da Liga das Nações.
- **Império Russo:** desintegrado pela Revolução de 1917, que resultou na formação da União Soviética e na independência temporária de territórios como Polônia, Estônia, Letônia e Lituânia.

O fim dos impérios trouxe à tona o "princípio da autodeterminação" defendido por Wilson, mas sua aplicação prática foi desigual. A criação de novos países na Europa Central e Oriental buscava atender às demandas de grupos étnicos, mas também gerou minorias insatisfeitas dentro das novas fronteiras, alimentando futuras disputas territoriais.

O redesenho geopolítico pós-guerra não se restringiu à Europa e ao Oriente Médio. O final da Grande Guerra acelerou o declínio das potências coloniais europeias e o fortalecimento dos movimentos de independência na Ásia e na África. Ao mesmo tempo, consolidou os EUA como uma potência e abriu caminho para o Japão expandir sua influência na Ásia.

O colapso dos impérios trouxe mudanças significativas no mapa político mundial. Novos Estados como a Tchecoslováquia e a Iugoslávia surgiram, enquanto nações como Alemanha perderam territórios importantes.

As consequências imediatas da Grande Guerra foram tão vastas que nenhum aspecto da vida política, econômica ou social das nações envolvidas permaneceu intocado.

UM MUNDO NOVO: A REDEFINIÇÃO GEOPOLÍTICA

Na Europa, o Tratado de Versalhes e outros acordos subsidiários de paz redistribuíram territórios e estabeleceram novas fronteiras, muitas vezes sem considerar as complexidades étnicas e culturais locais. Esse redesenho gerou tensões entre as populações, frequentemente colocadas sob o domínio de Estados aos quais não se sentiam pertencentes. A Polônia, por exemplo, conquistou a independência, mas passou a abrigar uma diversidade étnica que gerou desafios de coesão nacional.

A Europa antes e depois da Grande Guerra

Fora da Europa, o Acordo Sykes-Picot, negociado secretamente entre França e Reino Unido, reconfigurou o Oriente Médio, dividindo territórios do antigo Império Otomano em zonas de influência ocidentais. Essa divisão ignorou as complexidades locais e criou instabilidades que ressoam até hoje.

A redefinição geopolítica também marcou a ascensão dos EUA e do Japão como potências globais. Enquanto a Europa enfrentava dificuldades para se reconstruir, os EUA emergiam como credores internacionais e líderes econômicos, e o Japão expandia sua influência na Ásia. Ao mesmo tempo, as colônias dos impérios europeus começaram a questionar sua subordinação, plantando as sementes de movimentos de independência que floresceriam nas décadas seguintes.

A nova configuração global que surgiu após a guerra refletia tanto as esperanças de um mundo mais estável quanto as contradições e as tensões que inevitavelmente levariam a novos conflitos.

Por mais transformador que tenha sido, o novo equilíbrio de poder criado após 1918 não foi suficiente para garantir uma paz duradoura. As divisões territoriais e tensões herdadas desse período continuariam a influenciar as relações internacionais, culminando em novos conflitos no século XX e além.

A Grande Guerra em perspectiva

A Grande Guerra foi um marco na história contemporânea, caracterizando-se como o primeiro conflito verdadeiramente global. Entre 1914 e 1918, mais de 30 países estiveram envolvidos diretamente em operações militares, com combates que se estenderam a todos os continentes habitados. O conflito representou uma ruptura decisiva em relação às guerras do século XIX, introduzindo novos paradigmas tanto na condução dos combates quanto nas suas consequências sociais, econômicas e políticas.

Militarmente, a guerra trouxe à tona o conceito de *destruição em massa*. A mobilização de milhões de soldados e o emprego de tecnologias inéditas – incluindo carros de combate, aviões, metralhadoras e armas químicas – transformaram os campos de batalha em locais de devastação sem precedentes. A modernidade decorrente da Revolução Industrial, que prometia progresso e avanço, revelou também seu potencial destrutivo. Paralelamente, a estratégia de guerra total envolveu não apenas os exércitos, mas também as populações civis, inseridas no esforço de guerra por meio da produção industrial e como vítimas dos combates.

No plano geopolítico, a Grande Guerra significou o término de um equilíbrio precário entre as grandes potências europeias, que resultou no fim de quatro impérios: Alemão, Austro-Húngaro, Russo e Otomano. O redesenho das fronteiras que se seguiu gerou novos Estados e redefiniu alianças, mas também plantou as sementes de futuras instabilidades.

Por fim, a guerra deixou marcas profundas na cultura e na sociedade. A percepção do confronto modificou drasticamente o romantismo que antes envolvia a guerra, o qual foi substituído por um sentimento de horror e desencanto. A guerra não seria mais vista como oportunidade de glória, mas como um evento desumanizador, cujas consequências seriam sentidas por gerações.

AS CONSEQUÊNCIAS IMEDIATAS DO CONFLITO

As consequências imediatas da Grande Guerra foram devastadoras, afetando praticamente todos os aspectos da vida nos países diretamente envolvidos. Em primeiro lugar, o impacto humano foi catastrófico. Estima-se que cerca de 9,5 milhões de soldados tenham perdido suas vidas, enquanto mais do que o dobro retornaram mutilados ou profundamente traumatizados. O sofrimento psicológico dos veteranos, diagnosticados com o que hoje conhecemos como Transtorno de Estresse Pós-Traumático, mudou para sempre a maneira como o impacto da guerra era entendido pela medicina.

Além do custo humano, a guerra provocou a destruição econômica de várias nações. Infraestruturas foram arrasadas, recursos financeiros esgotados e muitas economias enfrentaram crises severas. Entre os civis, as mortes provocadas por fome, doenças e bombardeios também alcançaram números alarmantes. Países como Alemanha e Áustria foram particularmente afetados, sofrendo com hiperinflação, desemprego e instabilidade política. Mesmo os vencedores, como França e Reino Unido, emergiram enfraquecidos financeiramente, com dívidas acumuladas que restringiriam sua recuperação por muitas décadas.

TRANSFORMAÇÕES SOCIAIS E CULTURAIS

A Guerra de 1914-1918 também desencadeou mudanças sociais e culturais profundas. Um dos principais impactos foi o papel ampliado das mulheres na sociedade. Com milhões de homens enviados às frentes de combate, elas assumiram funções essenciais no esforço de guerra, ocupando posições em fábricas, transportes e serviços administrativos. Embora muitas tenham sido pressionadas a abandonar essas funções após o término do conflito, a experiência consolidou avanços na luta por direitos, como o sufrágio feminino, conquistado em países como o Reino Unido e os EUA nos anos seguintes.

Culturalmente, a guerra produziu o que ficou conhecido como a "geração perdida", composta por jovens profundamente afetados pela brutalidade do conflito. Muitos expressaram seu desencanto por meio de obras literárias e artísticas, como no clássico *Nada de novo no front*, de Erich Maria Remarque, e nos poemas de Wilfred Owen. Tais produções artísticas capturaram a essência do trauma da guerra, denunciando o absurdo e o sofrimento da guerra de trincheiras.

A TRAGÉDIA DA GUERRA EM VERSO

Wilfred Owen (1893-1918), um jovem britânico professor e aspirante a escritor, alistou-se no Exército Britânico em 1915. Após o treinamento, foi enviado ao *front* na França, onde vivenciou intensamente os horrores das trincheiras: o frio, a lama, o bombardeio incessante, a morte de companheiros e o estresse psicológico. Em 1917, foi diagnosticado com "neurose de guerra" e internado para tratamento. Durante a recuperação, conheceu o poeta Siegfried Sassoon, cuja influência foi decisiva para seu amadurecimento literário e sua decisão de escrever com realismo brutal sobre a guerra.

Em 1918, Owen retornou ao combate por sentir que precisava partilhar o destino dos soldados comuns. Morreu em ação apenas uma semana antes do armistício, aos 25 anos de idade. Sua poesia só foi plenamente reconhecida após sua morte, tornando-se símbolo do desencanto de uma geração diante da guerra.

Seus versos não glorificam o heroísmo, mas sim denunciam o sofrimento, a desilusão e a futilidade do conflito. Em seu poema "*Dulce et Decorum Est*", Wilfred Owen subverte a antiga máxima latina que exaltava o sacrifício militar – *Dulce et decorum est pro patria mori* ("É doce e honroso morrer pela pátria"). Com imagens pungentes de um ataque com gás, ele revela a crueldade da guerra moderna (tradução do autor):

> Se em sonhos sufocantes você também pudesse marchar
> Atrás do carro no qual o atiramos,
> E ver os olhos brancos se revirando no rosto,
> O rosto pendente, como o de um diabo enjoado do pecado;
> ... Meu amigo, você não contaria com tanto entusiasmo
> A jovens sedentos de glória desesperada,
> A velha mentira: *Dulce et decorum est pro patria mori.*

A poesia de Owen continua, até hoje, a ecoar como um alerta contra a idealização do combate.

Além disso, a percepção da guerra mudou radicalmente. Antes de 1914, os conflitos armados com frequência eram vistos como oportunidades de honra, heroísmo e glória nacional. No entanto, as experiências da Grande Guerra transformaram essa visão, substituindo-a pela imagem de um evento marcado pela desumanização e pela inutilidade da vida. Essa mudança não apenas impactaria a cultura popular, mas também influenciaria movimentos políticos e pacifistas que ganharam força no período entreguerras.

Enfim, as transformações sociais e culturais decorrentes da experiência da Grande Guerra não somente redefiniram papéis de gênero e marcaram representações artísticas, mas também moldaram o comportamento das gerações subsequentes em relação à violência.

No plano econômico, a guerra drenou os recursos dos Estados beligerantes, levando-os à beira do colapso financeiro. A reconstrução de cidades, vilarejos e infraestruturas devastadas tornou-se um desafio monumental para os países diretamente envolvidos nos combates, como França e Bélgica. No entanto, a dívida de guerra foi um dos legados mais significativos. Os Estados endividados recorreram a empréstimos, especialmente dos EUA, que emergiu como a potência econômica dominante.

A MEMÓRIA DA GRANDE GUERRA

Maurice Halbwachs, sociólogo francês, argumenta que a *memória coletiva* é a reconstrução do passado a partir de um presente compartilhado por um grupo social, sendo moldada por interesses, valores e identidades coletivos. Para ele, a memória coletiva não é apenas a soma das memórias individuais, mas também uma construção social mediada pelas interações no grupo, que orienta como os eventos históricos são lembrados, interpretados e transmitidos.

Esse conceito é particularmente relevante para entender como sociedades lidam com eventos traumáticos, como o conflito 1914-1918, moldando narrativas e significados que influenciam tanto as políticas públicas quanto a cultura e os valores de uma época.

A Grande Guerra deixou um legado marcante na memória coletiva, direcionando a forma como sociedades ao redor do mundo enxergam o fenômeno guerra, a paz e a própria condição humana. Essa memória foi construída por meio de monumentos, cerimônias, obras literárias e artísticas, que não apenas homenageiam os mortos, mas também refletem o impacto devastador do conflito nas gerações seguintes.

Cemitério militar britânico de Tyne Cot, localizado em Ypres, na Bélgica, e administrado pela Commonwealth War Graves.
(Foto do autor)

Os cemitérios de guerra espalhados pela Europa, com fileiras intermináveis de cruzes e lápides, tornaram-se símbolos de luto e convidam à reflexão sobre o preço da guerra. Monumentos como o *Porte de Menin* (o Portão de Menin) em Ypres, na Bélgica, o Ossuário de Douaumont, na França, ou o Cenotáfio, em Londres, perpetuam a memória daqueles que pereceram, muitos dos quais nunca tiveram seus corpos recuperados. O Dia do Armistício, 11 de novembro, é comemorado em diversos países, reforçando a necessidade de recordar os sacrifícios feitos e os horrores enfrentados.

PEDRA E SILÊNCIO: A MEMÓRIA DA GRANDE GUERRA EM MONUMENTOS

O conflito 1914-1918 deixou cicatrizes profundas nas paisagens da França e da Bélgica, transformando aldeias, vales e colinas em cemitérios a céu aberto. Logo após o fim da guerra, iniciou-se um esforço sem precedentes para preservar a memória dos mortos e lembrar os horrores vividos. Milhares de monumentos foram erguidos em quase todas as comunas francesas e vilarejos belgas, frequentemente com listas de nomes gravados em pedra: os "*morts pour la patrie*" (mortos pela pátria).

Na Bélgica, destaca-se o Portão de Menin em Ypres, erguido em homenagem aos soldados britânicos desaparecidos na região de Flandres. Todos os dias, desde 1928, uma cerimônia do toque do silêncio (*Last Post*) é realizada ali. Já na França, o imenso Ossuário de Douaumont, próximo ao campo de batalha de Verdun, guarda os restos mortais de mais de 130 mil soldados franceses e alemães, lado a lado, um símbolo brutal da guerra de trincheiras.

Esses monumentos não são apenas marcos históricos: são, sobretudo, lugares de luto coletivo, identidade nacional e pedagogia da paz. Muitos mantêm a inscrição "*À nos morts*" (Aos nossos mortos), mas também servem como advertência silenciosa contra o retorno da guerra. Na paisagem europeia, a memória da Grande Guerra está gravada não só nos livros, mas também no solo e na arquitetura da ausência.

Monumento francês em homenagem aos mortos da Grande Guerra, localizado em Butte de Chalmont, norte da França. (Mazzella-Bour, CC BY 4.0)

A literatura e a arte também desempenham um papel crucial na construção e na preservação dessa memória. Obras como *Nada de novo no front*, do pacifista alemão Erich Maria Remarque, e os poemas de Wilfred Owen, John McRae e Alan Seeger, entre outros, capturaram o sofrimento e o absurdo da guerra, oferecendo perspectivas pessoais e universais sobre a experiência do conflito. Paralelamente, filmes e documentários continuam a explorar o tema da Grande Guerra, ajudando novas gerações a compreenderem seu impacto.

No entanto, a memória da guerra também é marcada por tensões políticas e narrativas divergentes. Em países como a Alemanha, a teoria da "punhalada pelas costas" e o ressentimento em relação ao Tratado de Versalhes influenciaram não apenas a política interna, mas também a forma como o conflito passou a ser lembrado. Em outras nações, a memória da guerra foi usada para reforçar valores de heroísmo e sacrifício nacional, ocultando muitas vezes os aspectos mais sombrios do conflito.

O LEGADO DO CONFLITO 1914-1918

Como também ocorre com relação a outros fatos históricos relevantes, a memória da Grande Guerra não é estática. Ela continua a evoluir à medida que historiadores, artistas e as próprias sociedades refletem sobre seu significado e relevância. Mais de um século depois do armistício, a Grande Guerra permanece um ponto central na compreensão do mundo contemporâneo e dos desafios que o envolvem.

Embora encerrada em 11 de novembro de 1918, a Grande Guerra deixou um leque de consequências que continuam a ressoar no presente. Suas feridas políticas, econômicas e sociais moldariam o século XX, culminando, apenas duas décadas depois, no início de outro conflito global ainda mais devastador.

O Tratado de Versalhes, com imposições severas à Alemanha, foi talvez o exemplo mais emblemático de como a guerra nunca terminou completamente. Longe de garantir a paz, o acordo diplomático semeou ressentimentos que alimentaram movimentos extremistas e prepararam o terreno para a ascensão do nazismo. Da mesma forma, a redistribuição de territórios e o surgimento de novas fronteiras resultaram em conflitos locais e tensões étnicas que, em muitos casos, ainda persistem.

No Oriente Médio, o Acordo Sykes-Picot e outras decisões tomadas durante e depois da Grande Guerra criaram divisões que gestaram os desafios geopolíticos da região. Assim, questões ainda vigentes em nosso século como instabilidade política, disputas territoriais e tensões étnicas ou religiosas regionais podem ser rastreadas até a época da Primeira Guerra Mundial.

No campo social, a guerra transformou a relação das populações com seus respectivos Estados. A mobilização total e os sacrifícios exigidos pelos governos criaram novas expectativas de direitos e reconhecimento, impulsionando movimentos feministas, do operariado e de descolonização. Ao mesmo tempo, as memórias do conflito ajudaram a moldar as visões de guerra e paz, com lições que continuam a ser debatidas em contextos contemporâneos.

Mais do que um evento histórico encerrado em 1918, a Grande Guerra permanece viva em suas consequências. Ela nos lembra dos perigos do nacionalismo exacerbado, da competição entre potências e da falta de diálogo como um caminho sólido para resolver disputas.

Conhecer a dinâmica do conflito não apenas ilumina o passado, mas também fornece bases para compreender o presente e para delinear o futuro, em um mundo que, mais de um século depois, ainda enfrenta os desafios da manutenção da paz e da coexistência harmônica entre as nações.

Para conhecer mais

SUGESTÕES DE LEITURAS

BERTONHA, João Fábio. "O Império Austro-Húngaro: o ator desconhecido da Primeira Guerra Mundial". *Esboços*. Florianópolis, v. 21, n. 31, out. 2015, pp. 115-37.

BOYD, Douglas. *O lado obscuro da Primeira Guerra Mundial*: as frentes sangrentas de combate russas. Rio de Janeiro: Biblioteca do Exército, 2021.

CARTIER, Raymond; CARTIER, Jean-Pierre. *La Première Guerre Mondiale*. Paris: Presses de la Cité, 1982. 1982, v. 1: 1914-1915.

CLARK, Christopher. *Os sonâmbulos*: como eclodiu a Primeira Guerra Mundial. Rio de Janeiro: Companhia das Letras, 2014.

COMPAGNON, Olivier. *O adeus à Europa*: a América Latina e a Grande Guerra. Rio de Janeiro: Rocco, 2014.

DARÓZ, Carlos. *O Brasil na Primeira Guerra Mundial*: a longa travessia. São Paulo: Contexto, 2016.

_____. "O saque de Dinant: a morte de uma cidade belga". *Revista Brasileira de História Militar*. Rio de Janeiro, ano XIII, n. 31, abr. 2022, pp. 28-51.

FARREL, Santiago. *Tudo o que você precisa saber sobre a Primeira Guerra Mundial*. São Paulo: Planeta, 2018.

FERRO, Marc. *A Grande Guerra*: 1914-1918. Rio de Janeiro: Edições 70, 2023.

GILBERT, Martin. *The Somme*: Heroism and Horror in the First World War. New York: Henry Holt and Company, 2006.

_____. *A Primeira Guerra Mundial*: os 1.590 dias que transformaram o mundo. Rio de Janeiro: Casa da Palavra, 2017.

HART, Peter. *A Grande Guerra*: 1914-1918. Rio de Janeiro: Bibliex, 2019.

HASTINGS, Max. *Catástrofe 1914*: a Europa vai à guerra. Rio de Janeiro: Intrínseca, 2014.

HOBSBAWM, Eric. *Era dos extremos*: o breve século XX (1914-1991). São Paulo: Companhia das Letras, 1995.

KEEGAN, John. *A Primeira Guerra Mundial*. Porto: Porto Editora, 2014.

MACMILLAN, Margaret. *A Primeira Guerra Mundial*: que acabaria com as guerras. Rio de Janeiro: Globo Livros, 2014.

REMARQUE, Erich Maria. *Nada de novo no front*. Porto Alegre: LP&M, 2004.

SCHIAVON, Max. *A Frente Oriental*: do desastre de Dardanelos à vitória final: 1915-1918. Rio de Janeiro: Biblioteca do Exército, 2017.

SONDHAUS, Lawrence. *Primeira Guerra Mu*ndial: história completa. São Paulo: Contexto, 2013.

STEVENSON, David. *A história da Primeira Guerra Mundial*: 1914-1918. Barueri: Novo Século, 2019.

SUMPF, Alexandre. *La Grande guerre oubliée*: Russie, 1914-1918. Paris: Perrin, 2014.

TUCHMAN, Barbara. *Canhões de agosto*. Rio de Janeiro: Biblioteca do Exército, 1998.

TRESPACH, Rodrigo. *Histórias não (ou mal) contadas*: Primeira Guerra Mundial. Rio de Janeiro: Harper Collins, 2018.

SUGESTÕES DE FILMES DE FICÇÃO

A Batalha da Jutlândia. Direção de Graham Hewett e Manfred Noa. Alemanha, 1926.
Adeus às armas. Direção de Charles Vidor. EUA, 1957.
Glória feita de sangue. Direção de Stanley Kubrick. EUA, 1957.
Lawrence da Arábia. Direção de David Lean. EUA, 1962.
Adeus à inocência. Direção de Delbert Mann. EUA/Reino Unido, 1979.
Gallipoli. Direção de Peter Weir. Austrália, 1981.
Flyboys. Direção de Tony Bill. França/EUA, 2006.
Barão Vermelho. Direção de Nikolai Müllerschön. Alemanha, 2008.
Cavalo de guerra. Direção de Steven Spielberg. Reino Unido, 2011.
Sarajevo. Direção de Andreas Prochaska. Alemanha/Áustria, 2014.
1917. Direção de Sam Mendes. Reino Unido/EUA, 2019.
Nada de novo no *front*. Direção de Edward Berger. Alemanha/França/EUA, 2022.

SUGESTÕES DE DOCUMENTÁRIOS

1914-1918: as cicatrizes da Grande Guerra. Direção de Chris Reynauud e Giulian Depardieu. França, 2024. Disponível em: <https://www.youtube.com/watch?v=ZLF2ZWUaEKo>.

As cores da Primeira Guerra. Direção de Pieter Jackson. Nova Zelândia, 2004. Disponível em: <https://www.youtube.com/watch?v=oWLx4CnsNhk>.

Primeira Guerra Mundial: o fim de uma era. Produção de History Channel. New York, 2013. Disponível em: <https://www.youtube.com/watch?v=Dyl3TzYWinc>.

Glossário

- **Aliança militar** – Acordo formal entre nações que estabelece obrigações mútuas em relação à segurança nacional. Geralmente envolve um compromisso de defesa mútua, em que os membros se comprometem a defender uns aos outros caso sejam atacados. Essas alianças podem ser defensivas ou ofensivas e podem envolver acordos não militares, além do propósito principal.

- **Guerra de atrito** – Também conhecida como **guerra de exaustão**, é uma estratégia militar que visa desgastar o oponente através de perdas contínuas de pessoal, equipamento e moral. O objetivo é exaurir as capacidades de combate do inimigo, forçando-o a um colapso físico ou moral, sem necessariamente buscar uma vitória decisiva em um único confronto.

- **Guerra de desgaste** – Estratégia militar que busca esgotar os recursos e a vontade de lutar do adversário, através de um confronto prolongado e contínuo. Em vez de buscar uma vitória rápida e decisiva, a guerra de desgaste visa causar perdas significativas no oponente, tanto em termos de pessoal e equipamentos como em termos de moral e capacidade de continuar a lutar. Assemelha-se à guerra de atrito.

- **Guerra de movimento** – Fase de um conflito militar caracterizada por intensa movimentação das tropas e avanços estratégicos para ocupar território. É o oposto da guerra de posição, em que as tropas ficam estagnadas em trincheiras. A guerra de movimento geralmente marca o início de uma guerra, com as tropas buscando conquistar posições estratégicas e avançar rapidamente.

- **Guerra de posição** – Também conhecida como **guerra de trincheiras**, é um tipo de combate em que as forças se defendem e se atacam a partir de trincheiras, valas escavadas no solo, defendidas por arame farpado e obstáculos, que servem para abrigo e proteção e também para permitir o tiro em segurança. Essa forma de guerra, caracterizada por ataques lentos e defensivas fortes, foi um dos principais aspectos da Primeira Guerra Mundial, especialmente na Frente Ocidental. Na época, resultou em uma guerra de desgaste, com pouca mobilidade e alta mortalidade. Em pleno século XXI, ainda é utilizada, com adaptações, na Guerra da Ucrânia.

- **Guerra de trincheiras** – Também conhecida como **guerra de posição**.

- **Guerra irregula**r – Também conhecida como **guerra não convencional** ou **guerrilha**, é um tipo de conflito armado que se distingue da guerra regular por sua natureza, táticas e estratégias. Em vez de confrontos diretos entre exércitos regulares, envolve grupos armados que operam de maneira mais dissimulada, utilizando táticas de guerrilha, terrorismo e outras formas de combate não convencional para alcançar seus objetivos políticos.

- **Guerra submarina** – Refere-se ao uso de submarinos como ferramenta de combate, tanto em operações de ataque como de defesa. Pode ser dividida em dois conceitos principais: **guerra submarina de ataque** (em que submarinos atacam navios de superfície, outros submarinos e infraestruturas no fundo do mar) e **guerra antissubmarina** (na qual se busca defender-se de ameaças submarinas inimigas).

- **Guerra total** – Tipo de conflito no qual a sociedade de um país é completamente mobilizada para colaborar com o esforço de guerra, abrangendo todos os recursos, incluindo economia, infraestrutura e mesmo a população civil. A guerra total visa à completa destruição do inimigo, não apenas militarmente, mas também econômica e socialmente.

Cronologia da Grande Guerra

ANTECEDENTES DO CONFLITO (1879-1914)

- **1879**

O Império Alemão e o Império Austro-Húngaro estabelecem uma aliança.

- **1882**

O Reino da Itália se une à aliança entre os Impérios Alemão e Austro-Húngaro: nasce a Tríplice Aliança.

- **1890**

Otto von Bismarck renuncia ao cargo de chanceler da Alemanha.

- **1893**

Forma-se a Aliança Franco-Russa.

- **1898**

Ocorre o Incidente de Fachoda, envolvendo França e Reino Unido: uma expedição francesa (construindo uma ferrovia oeste-leste) na África se depara com uma expedição britânica no Sudão (construindo uma ferrovia norte-sul). Os franceses acabam se retirando da área.

- **1904**

Forma-se a Entente Cordiale, um acordo entre o Reino Unido e a França para o reconhecimento mútuo de interesses coloniais.

- **1905-1906**

Ocorre a primeira Crise Marroquina, quando o Kaiser Wilhelm II da Alemanha visita Tânger, no Marrocos, e oferece apoio ao sultão contra a influência francesa, enquanto o Reino Unido apoia a presença da França.

- **1906**

Realiza-se na Espanha a Conferência de Algeciras, que busca resolver a Crise Marroquina. A França e a Espanha são reconhecidas como detentoras do controle do Marrocos. A Alemanha é isolada da região.

- **1907**

A Entente Anglo-Russa é assinada. Forma-se a Tríplice Entente (Reino Unido, França e Rússia).

- **1908**

Anexação austríaca da Bósnia.

• 1911

O Incidente de Agadir no Marrocos leva à segunda Crise Marroquina. É assinado um acordo pelo qual a Alemanha desiste de suas pretensões no Marrocos em troca de uma parte do Congo sob domínio francês.

• 1912-1913

Guerras dos Bálcãs: o Império Otomano perde a maior parte de seus territórios na Europa, e a região começa a ser disputada.

• 1914

28 de junho. Atentado em Sarajevo (Bósnia): o nacionalista sérvio Gavrilo Princip assassina o arquiduque da Áustria, Franz Ferdinand, e sua esposa.
23 de julho. O governo austro-húngaro envia um ultimato ao governo sérvio, considerando-o responsável pelo atentado de Sarajevo.
28 de julho. A Áustria-Hungria declara guerra à Sérvia.
30 de julho. Mobilização geral de tropas na Rússia.
1º de agosto. A Alemanha declara guerra contra a Rússia. Mobilização geral na França.
3 de agosto. A Alemanha declara guerra à França.
4 de agosto. A Alemanha invade a Bélgica. O Reino Unido declara guerra à Alemanha.

A GRANDE GUERRA (1914-1918)

• 1914

Julho-agosto. Início das hostilidades. A Alemanha ataca a França através da Bélgica, implementando o Plano Schlieffen.
Agosto. Vitória alemã em Tannenberg, na frente russa. O Japão entra para a Entente.

Setembro. Os franceses impedem o ataque alemão ao Marne. Tem início a guerra de trincheiras.
Outubro. A Turquia se une às Potências Centrais. A Bulgária entra na guerra ao lado dos Impérios Centrais.

- **1915**

Fevereiro. A Alemanha inicia seu bloqueio naval submarino.
Abril. O primeiro uso do gás venenoso é introduzido pelas tropas alemãs, em um ataque ao setor canadense em Ypres, Bélgica. Tropas britânicas desembarcam em Gallipoli, na Turquia. A Itália se une à Entente (Tratado de Londres).
Maio. A Itália declara guerra à Áustria-Hungria.
Agosto. A Itália declara guerra ao Império Otomano.

- **1916**

Fevereiro-dezembro. Batalha de Verdun.
Maio. Acordo Sykes-Picot é negociado entre os governos da Grã-Bretanha e da França.
Maio-junho. Batalha Naval da Jutlândia.
Junho-setembro. Ofensiva Brusilov na Frente Oriental.
Julho-novembro. Ofensiva do Somme na Frente Ocidental.
Agosto. A Romênia entra na guerra ao lado da Entente, mas é logo derrotada.

- **1917**

Janeiro. A Alemanha anuncia o começo da guerra submarina irrestrita.
Março. Uma revolução derruba o czar russo e estabelece um governo provisório. No Oriente Médio, os britânicos capturam Bagdá.
Abril. Os Estados Unidos entram na guerra. O Brasil rompe relações diplomáticas com a Alemanha.
Outubro. O Brasil declara guerra à Alemanha.
Outubro-novembro. Os italianos são derrotados em Caporetto.
Novembro. A Revolução Bolchevique triunfa na Rússia.
Dezembro. A Rússia bolchevique assina um armistício com os Impérios Centrais. No Oriente Médio, os britânicos capturam Jerusalém.

• **1918**

Janeiro. Woodrow Wilson, presidente dos Estados Unidos, faz o Discurso dos 14 Pontos, apresentando uma proposta para pôr fim à guerra e criar condições para uma paz futura.
Março. A Rússia e as Potências Centrais assinam o Tratado de Brest-Litovsk.
Julho-setembro. Contraofensiva dos Aliados na Frente Ocidental.
29 de setembro. A Bulgária assina o armistício em Salônica.
Outubro-novembro. Batalha de Vittorio Veneto, vencida pela Itália.
30 de outubro. A Turquia assina o armistício em Moudros.
3 de novembro. A Áustria-Hungria assina o armistício em Villa Giusti.
9 de novembro. Na Alemanha, uma revolução derruba o Kaiser e proclama uma República.
11 de novembro. A Alemanha assina o armistício em Rethondes. A guerra chega ao fim.

OS TRATADOS DE PAZ DO PÓS-GUERRA (1919-1920)

• **1919**

Janeiro. Começa a Conferência de Paz em Paris.
Junho. Tratado de Versalhes com a Alemanha.
Setembro. Tratado de Saint-Germain com a Áustria.
Novembro. Tratado de Neuilly com a Bulgária.

• **1920**

Junho. Tratado de Trianon com a Hungria
Agosto. Tratado de Sèvres com a Turquia, posteriormente modificado pelo Tratado de Lausanne (1923).

SEGUNDA GUERRA MUNDIAL

Francisco Cesar Ferraz

A Segunda Guerra Mundial, que durou de 1939 a 1945, marcou a história de forma indelével. Ela envolveu, direta ou indiretamente, o mundo todo, não apenas seus principais contendores, desde a extensa costa brasileira até minúsculas ilhas do Pacífico. Foi um conflito que atingiu quem estava nas áreas de combates, o que é compreensível, mas também a população civil que se encontrava, geográfica e emocionalmente, distante dos campos de batalha. Foi, de todos os conflitos registrados, a guerra que produziu mais mortos, pelo menos 80 milhões de pessoas. Foi também, nos tempos modernos, aquela em que morreram mais civis do que combatentes, seja por bombardeios (incluindo a utilização da bomba atômica), seja em campos de concentração e extermínio desenvolvidos pelos nazistas. Esta obra apresenta a Segunda Guerra com suas batalhas e aspectos políticos, como não poderia deixar de ser, mas também em seu aspecto humano: homens e mulheres, soldados e civis, crianças e adultos, vencedores e vencidos, que viveram a guerra e por ela foram afetados em termos individuais e coletivos, com repercussões nas várias gerações que se seguiram, incluindo a nossa.

GRÁFICA PAYM
Tel. [11] 4392-3344
paym@graficapaym.com.br